Guía completa del cultivo del olivo

Leandro Ibar Albiñana

GUÍA COMPLETA DEL CULTIVO DEL OLIVO

A pesar de haber puesto el máximo cuidado en la redacción de esta obra, el autor o el editor no pueden en modo alguno responsabilizarse por las informaciones (fórmulas, recetas, técnicas, etc.) vertidas en el texto. Se aconseja, en el caso de problemas específicos —a menudo únicos— de cada lector en particular, que se consulte con una persona cualificada para obtener las informaciones más completas, más exactas y lo más actualizadas posible. EDITORIAL DE VECCHI, S. A. U.

Fotografías de la cubierta y del interior de Carmen Farre Arana.

Dibujos del interior de Juan Castaño Núñez.

© Editorial De Vecchi, S. A. 2018
© [2018] Confidential Concepts International Ltd., Ireland
Subsidiary company of Confidential Concepts Inc, USA
ISBN: 978-1-64461-177-7

Impreso bajo demanda gestionado por Bibliomanager

El Código Penal vigente dispone: «Será castigado con la pena de prisión de seis meses a dos años o de multa de seis a veinticuatro meses quien, con ánimo de lucro y en perjuicio de tercero, reproduzca, plagie, distribuya o comunique públicamente, en todo o en parte, una obra literaria, artística o científica, o su transformación, interpretación o ejecución artística fijada en cualquier tipo de soporte o comunicada a través de cualquier medio, sin la autorización de los titulares de los correspondientes derechos de propiedad intelectual o de sus cesionarios. La misma pena se impondrá a quien intencionadamente importe, exporte o almacene ejemplares de dichas obras o producciones o ejecuciones sin la referida autorización». (Artículo 270)

ÍNDICE

Clima y suelo	9
Clima adecuado para el cultivo del olivo	9
Suelos más indicados para el cultivo del olivo	12
El olivo en España	14
Principales variedades del olivo	14
Principales áreas olivareras españolas	21
Plantación	26
Preparación del suelo	26
Época de plantación	27
Disposición de las plantas	28
Densidad de la plantación	30
Práctica de la plantación	31
Cuidados después de la plantación	34
Cultivos intercalados	34
Cultivo	36
Labores mecánicas	36
Deshierbe químico	38
Fertilización	41
Riego	47
Sistema de cubetas	49
Sistema de tablas o bancales	49

GUÍA COMPLETA DEL CULTIVO DEL OLIVO

Sistema de surcos o regatos 50
Riego por aspersión 51
Riego localizado 51

PODA 53
Poda de formación clásica 53
Cultivo del olivo en formas bajas 58
Poda de fructificación................................. 62
Poda de renovación 66

REPRODUCCIÓN 67
Multiplicación por injerto sobre pie franco............ 67
Multiplicación por el sistema de estaquillado semileñoso 70
Multiplicación por estacas 72
Reproducción por zuecas 73
Acodo de chupones 76
Injerto sobre patrones adultos 78

LESIONES Y ENFERMEDADES 79
Daños producidos por el frío 79
Lesiones causadas por el viento 80
Lesiones producidas por el granizo.................... 80
Lesiones por sequía 81
Daños producidos por los pájaros...................... 81
Enfermedades fisiológicas 81
Enfermedades carenciales 81
Enfermedades producidas por bacterias................. 83
Enfermedades producidas por hongos 85
Enfermedades producidas por nematodos 91
Lesiones producidas por ácaros 93

PLAGAS PRODUCIDAS POR INSECTOS........................ 94
Dípteros.. 94
Tisanópteros.. 98
Lepidópteros 100
Coleópteros 103

ÍNDICE

Homópteros	107
CALENDARIO DE TRATAMIENTOS	110
Periodo de reposo	110
Periodo de floración	110
Periodo de desarrollo del fruto	112
Periodo de madurez de la aceituna	112
DEL OLIVO A LA ALMAZARA	113
Maduración de la aceituna	113
Recolección manual	114
Recolección mecánica	115
Recolección de las aceitunas de mesa	116
Transporte de la cosecha	119
En la almazara	119
ALGUNAS RECETAS CULINARIAS	123
Conejo con aceitunas	123
Esqueixada catalana	124
Mayonesa con la batidora	124
Mayonesa a mano	125
Salsa de aceitunas	125
Salsa picante compuesta	126
Salsa de pimientos	126

CLIMA Y SUELO

Clima adecuado para el cultivo del olivo

El olivo es tan sensible al frío como al calor. Si se examina su distribución en las regiones mediterráneas, puede verse que sólo se cultiva en aquellas zonas donde las temperaturas medias del mes más cálido están comprendidas entre 22 y 33 °C y la del mes más frío es superior a 4 °C.

Los límites geográficos que corresponden a estas temperaturas extremas están situados a 44° de latitud norte y a una altitud de 600 metros, lo cual impide el cultivo en zonas más septentrionales de la península Ibérica.

En temperaturas inferiores a 0 °C, el olivo sufre lesiones que pueden empeorar a partir de los –6 °C y ser muy graves si se llega a –10 °C.

Cuando la parte aérea es destruida por el hielo, los renuevos del cuello de la raíz permiten que rebrote, si bien las pérdidas son sensibles a causa del largo periodo de tiempo que el árbol necesita para alcanzar su tamaño primitivo. Sin embargo, al tratarse de una especie de floración tardía (entre mayo y junio), no hay peligro de que las heladas de primavera arruinen la cosecha.

El clima más adecuado para el cultivo del olivo es el templado, a una altitud de 50 a 150 m sobre el nivel del mar. En regiones muy meridionales en las que el clima es muy favorable, a causa de que el reposo invernal no es completo, los árboles presentan un crecimiento continuo y una elevada productividad. En cambio, en las regiones limítrofes —tanto de latitud como de altitud— donde la larga duración del invierno reduce la posibilidad de crecimiento, o bien en aquellas de ambiente medio, más bien benigno, pero con olas de frío más o menos periódicas, el olivo suele sufrir daños en el ramaje e incluso alteraciones en el crecimiento, ya que suele presentar zonas desmochadas y quemaduras y corrosiones en la corteza. Una consecuencia de esta destrucción y del desarrollo irregular de la copa es la reducción del aparato radical, que no llega a profundizar demasiado.

A pesar de su sensibilidad al frío, el olivo necesita temperaturas bastante bajas para desarrollar las yemas florales, lo cual se produce de enero a abril.

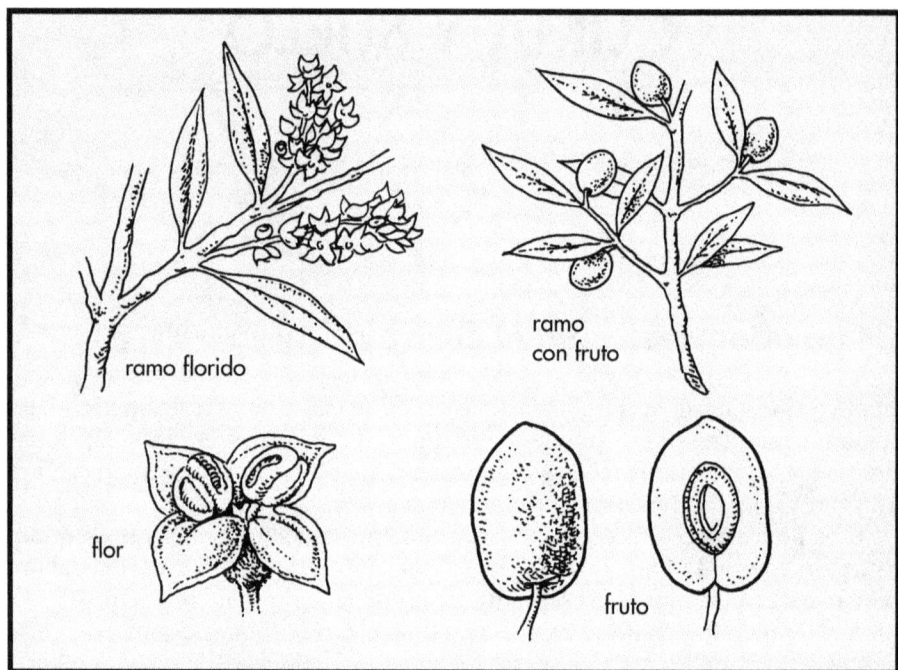

Ramos, flores y fruto del olivo

Para conseguir una buena producción, es preciso que la temperatura media de invierno sea inferior a 10 °C, aunque no es indispensable para garantizar un buen crecimiento. En zonas tropicales, por debajo de los 30° de latitud, el olivo se desarrollará con vigor, pero no dará fruto.

Por otra parte, la pluviosidad óptima para el cultivo del olivo está alrededor de los 800 mm anuales, una cantidad a la que normalmente no se llega en las regiones olivareras españolas, en las que oscila entre 500 y 650 mm e incluso menos, como en la provincia de Sevilla, que es de unos 350 mm.

En las zonas donde la pluviosidad es inferior a 500 mm, conviene regar a finales del invierno. Por otra parte, y teniendo en cuenta que la necesidad de agua es continua en las distintas fases del cultivo, en la mayoría de los casos debe recurrirse a los riegos, sobre todo durante los meses de julio, agosto y septiembre. Normalmente, las lluvias invernales permiten que los frutos cuajen en el árbol y se mantengan hasta el verano. Sin embargo, si estas faltan y no son sustituidas por el riego, el cuajado puede fallar. Al llegar los ardores del verano puede que el agua del suelo esté casi agotada; en tal caso el árbol descarga

CLIMA Y SUELO

parte de la cosecha para sobrevivir. Si no llegan pronto las lluvias de otoño, los frutos no se desarrollan correctamente, y no crecen demasiado.

Sin embargo, ante la sequía el olivo es tan resistente o más que el almendro, y llega a soportar incluso cantidades inferiores a 200 mm anuales, aunque la cosecha será muy pequeña y el árbol tendrá problemas de crecimiento.

En climas cálidos y de atmósfera húmeda, como corresponde a las zonas bajas cercanas al mar o en el fondo de los valles, el olivo es muy sensible al ataque de insectos y a las enfermedades fúngicas, por lo que la ubicación más adecuada para las plantaciones será una zona soleada y protegida de los vientos dominantes. Asimismo, un exceso de humedad puede llegar a ser causa de niebla, lo cual es muy perjudicial para la floración. En cambio, la poca humedad atmosférica de las zonas continentales es un factor muy favorable para la floración y fructificación, aunque es mayor la necesidad de lluvias periódicas o su compensación por medio de riegos.

Por otra parte, el olivo es un árbol bastante resistente a la acción del viento. Sin embargo, si este es demasiado fuerte y continuo puede llegar a la copa de los árboles y reducir su fructificación. Además, como necesita mucha luz, su situación más adecuada será orientado al sur, aunque en regiones muy luminosas, como pueden ser las del norte de África, las plantaciones pueden hacerse en zonas orientadas hacia el este o el oeste.

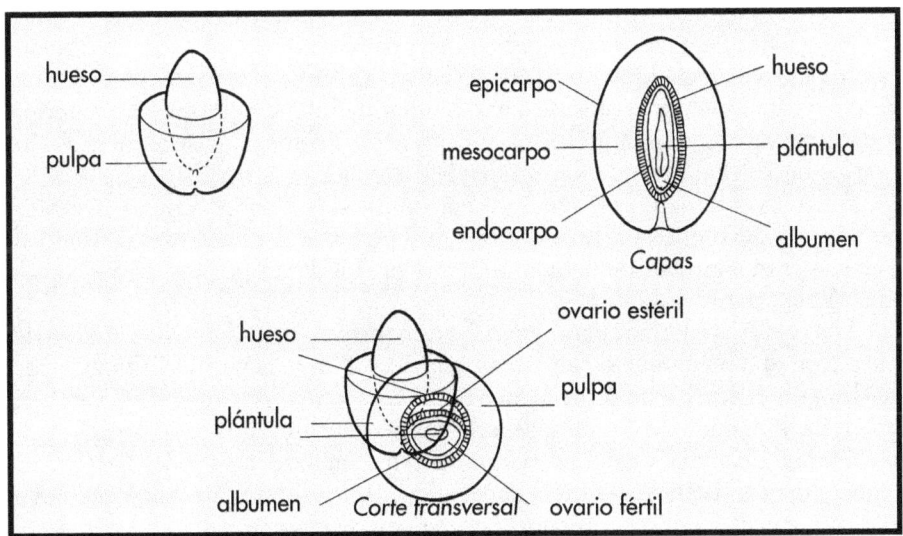

Morfología y partes de la aceituna

GUÍA COMPLETA DEL CULTIVO DEL OLIVO

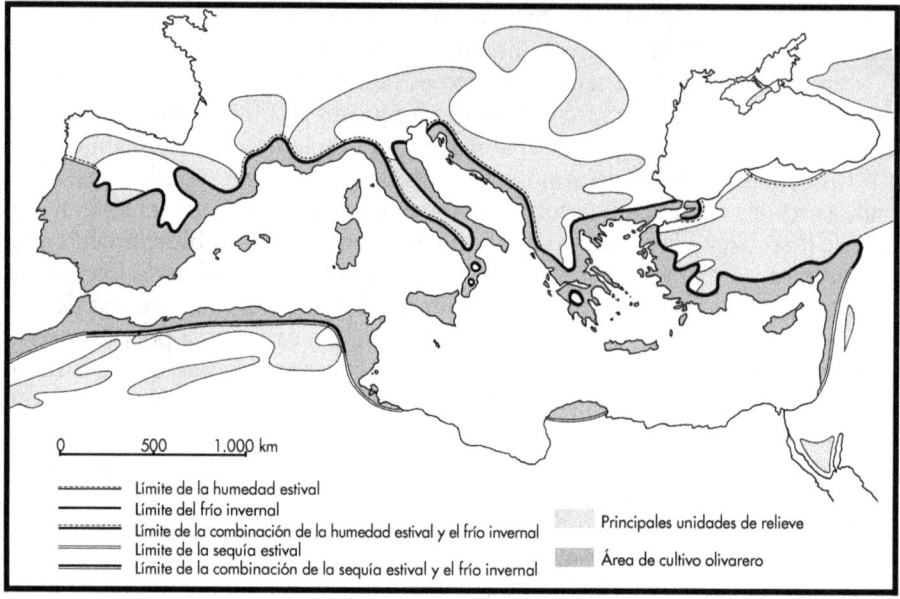

Suelos más indicados para el cultivo del olivo

El olivo se adapta a cualquier clase de suelo siempre que disponga de la cantidad suficiente de agua, ya que tiene una capacidad de adaptación a los suelos pobres superior a cualquier otro árbol, incluido el almendro. Si las plantaciones de olivo están bien provistas de agua, a pesar de lo que hemos dicho anteriormente, siempre será mejor elegir suelos francos, ligeros en la superficie, en los que las raíces se desarrollarán con mayor facilidad.

En cultivos situados en zonas de baja pluviosidad, sobre todo en verano, y para que el olivo pueda resistir durante este periodo, es preciso que el suelo almacene gran cantidad de agua a la mayor profundidad posible, con el fin de impedir la acción evaporadora del sol.

Los suelos arenosos y ligeros son los que mejor responden: en el cultivo del olivo, con una precipitación anual mínima de 200 mm, la permeabilidad, a partir de la superficie, debe ser al menos de 15 cm/hora; en estas condiciones, una precipitación anual de 150 mm llegaría a 3 m de profundidad. Se ha calculado que el total de arcilla y cal que contengan estos suelos debe ser del 10 %, aproximadamente; si esta suma fuera superior al 20 % ya no sería posible el cultivo. Por otra parte, se ha comprobado que el suelo es más apto si el contenido de arcilla y cal forma pequeñas capas dentro de la masa arenosa en las que se re-

CLIMA Y SUELO

El olivo tiene una gran capacidad de adaptación a los suelos pobres

tiene el agua y adonde se dirigen las raíces en busca de humedad. Sin embargo, sobre estas capas siempre debe haber una masa de entre 0,5 y 1 m de espesor de arena suelta que permita la penetración del agua.

Los suelos destinados al cultivo del olivo, lo mismo en zonas áridas que húmedas, deben ser profundos, ya que en las primeras, una capa demasiado superficial es perjudicial porque el agua retenida se evapora fácilmente; en cambio, en zonas húmedas se producen encharcamientos que podrían ser la causa de la podredumbre de las raíces.

La cantidad de arcilla que debe contener el suelo en función de la pluviosidad anual es la siguiente: a 200 mm corresponde un 10 % de arcilla, a 400 mm un 20 % y a 600 mm un 30 %.

Los suelos más indicados son los que presentan un grado de acidez alto, mientras que los de composición alcalina pueden producir serios trastornos en el equilibrio nutritivo.

EL OLIVO EN ESPAÑA

Principales variedades del olivo

Las variedades de olivos se dividen en dos grandes grupos: los productores de aceitunas de mesa, llamadas *aceitunas de verdeo* por cosecharse verdes, y los productores de aceite, que reciben el nombre de *aceitunas de almazara*, por ser este el lugar donde se obtiene el aceite. Las aceitunas de verdeo son las que producen conservas de mejor calidad, si bien algunas variedades de almazara también dan buenos resultados.

Olivos aceituneros o de almazara

Arbequina

Es la variedad más extendida en Cataluña. El árbol, resistente al frío y a la sequía, es de gran tamaño, vigoroso, productivo y de copa ancha, pero sus características varían: los olivos de las comarcas tarraconenses son mucho más grandes que los de Lérida.

El fruto es pequeño, de 1 a 2 g, con un rendimiento del 17 al 22 % en aceite, que es de muy buena calidad.

Beteruda

También llamada *butaruda*, *becaruda* y *boqueruda*, esta variedad de olivo de almazara es propia de la comarca del Penedés, en las provincias de Barcelona y Tarragona.

Este tipo de olivo es un árbol de buen tamaño, crecimiento vertical y resistente, aunque de producción irregular. El fruto es grande, alargado, con una pequeña protuberancia en el ápice.

CARRASQUEÑA

Es conocida por este nombre en las provincias de Cuenca, Albacete, Teruel y en las de Levante así como en algunas de Andalucía, donde también se la denomina *corrolona* y *bordal*, sobre todo en Andújar y Almería, respectivamente.

El olivo suele ser de poca altura, copa esférica y madera quebradiza. Las hojas son cortas, lanceoladas y con nervios muy marcados. Los frutos tienen una forma elipsoide, algo asimétrica, son difíciles de separar del pedúnculo y tienen un peso que oscila entre 2 y 4 g. Se trata de un buen productor de aceite, aunque las aceitunas también se emplean en conserva.

Las aceitunas dedicadas a la obtención de aceite suelen denominarse aceitunas de almazara

CORNEZUELO

Se trata de la variedad más cultivada en el centro de la península. Las plantaciones más importantes se encuentran en la provincia de Toledo. Los árboles son vigorosos, de buen tamaño, muy resistentes al frío y con ramas fuertes de color grisáceo. Las hojas son lanceoladas, gruesas, de peciolo corto y terminadas en una punta aguda. Los frutos, aislados y de buen tamaño, pesan unos 4 g y tienen forma de cuerno, con manchas blanquecinas. El hueso es adherente, encorvado y agudo en el ápice. Produce el aceite más fino de la región de Castilla.

CORNICABRA

Esta variedad se cultiva en toda Castilla, desde la provincia de Ávila hasta la de Granada.

El árbol que produce esta variedad es muy resistente al frío, de vigor mediano y porte llorón. El fruto tiene una forma curvada y un peso de unos 3 g aproximadamente, con un rendimiento de aceite del 21 al 27 %.

Farga

Es propia de las comarcas de Tortosa y el Priorato, en la provincia de Tarragona. El árbol es de crecimiento rápido y gran tamaño, de producción irregular y requiere tierras fértiles. La aceituna, de tamaño mediano, es ovalada y de color negro.

Hojiblanco

Se trata de una variedad muy extendida en gran parte de la península: se encuentra en las provincias de Córdoba, Jaén, Málaga, Sevilla, Granada y Ciudad Real, donde recibe el nombre de *nevadillo blanco*.

El árbol es bastante vigoroso, de copa esférica, hojas verdes, blanquecinas en la cara inferior y con el nervio principal muy marcado.

Los frutos crecen aislados y son de forma elipsoidal o aovada, con un peso comprendido entre 1,5 y 4 g, y con un rendimiento de aceite del 22 %. En algunos casos, también se preparan en conserva.

Es una variedad sensible al frío.

Morruda

También llamada *reguers*, se trata de una variedad propia de la comarca de Tortosa. El árbol es de gran tamaño y copa ancha. La aceituna es bastante grande, alargada, redondeada, de base estrecha y provista de una protuberancia en el extremo. Es de producción regular, y de ella se obtiene un aceite muy fino.

Negral

Se trata de una variedad muy extendida por Aragón, Navarra y la provincia de Jaén, en donde recibe el nombre de *negrilla*. En la Ribera del Ebro ocupa el 50 % de la superficie agrícola y muchas veces se cultiva en regadío.

El árbol es fuerte y está provisto de ramas bien desarrolladas. Las hojas son anchas, de color verde oscuro en la cara superior y de color blanco en la infe-

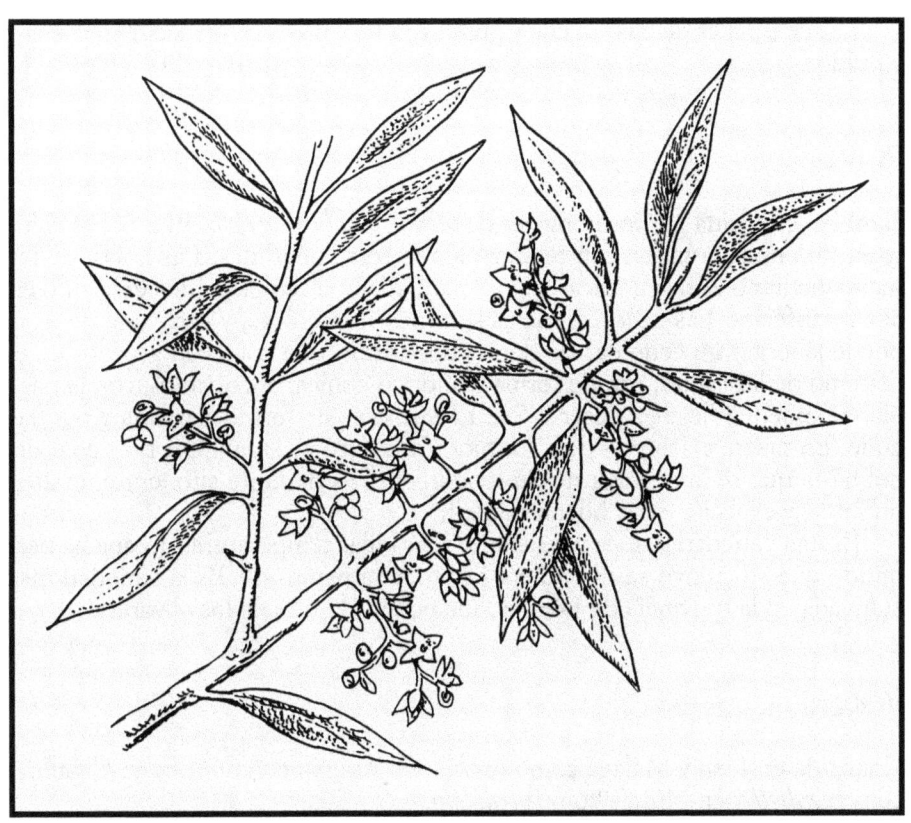

Detalle de una rama de olivo en flor

rior, con una textura afieltrada, nervios muy marcados y un pequeño mugrón terminal.

Los frutos, redondeados, de color muy oscuro en sazón, pesan de 3 a 5 g. Tienen un buen rendimiento, del 24 al 30 %, de aceite de muy buena calidad. El hueso es pequeño y duro.

PALOMAR OLESANA

Es una variedad que sólo se cultiva en la provincia de Barcelona. El árbol es de tamaño mediano, copa redondeada, con brotes tiernos de color ceniza oscuro y frágiles; es muy vigoroso y se adapta bien a las tierras pobres.

La aceituna es de base ancha y punta aguda, y produce un aceite muy claro y fluido.

Picual

También conocida por los nombres de *picua*, *picudo* y *picuelo*. El árbol es vigoroso, de ramas gruesas, con tendencia a hacerse péndulas. Las hojas, de tamaño mediano, son simétricas, algo espatuladas y de color pardo ceniciento en la cara inferior. Las inflorescencias son muy numerosas, y cada una de ellas puede albergar un centenar de flores. Los frutos, que aparecen aislados en el extremo de las ramas, son de forma cilíndrico-cónica, encorvados, con la base plana y pueden llegar a pesar 3,5 g. El hueso es de forma alargada y puntiagudo. En sazón, el fruto es de color morado oscuro y se mantiene bien en el árbol hasta que se hace maduro. Su rendimiento es bastante alto, entre un 24 y un 28 %, y el aceite es de buena calidad.

Es una variedad rústica y resistente a las bajas temperaturas, lo que ha permitido que su cultivo se difundiera por toda la península. Es la variedad más cultivada en la provincia de Jaén, donde ocupa el 90 % de los olivares.

Verdal

Conocida en Jaén y Málaga como *verdial*, en Aragón como *royal*, en Cataluña como *verdiell* y en Murcia como *verdalejo*.

El árbol es vigoroso, con una copa amplia de color verde claro; las ramas son erectas y consistentes. Las hojas son lanceolado-espatuladas, de color verde claro y algo blanquecinas y con la nerviación muy fuerte. Los frutos, numerosos, son arracimados y tienen forma de bellota y un tamaño variable según las regiones donde se cultivan; pesan entre 1,5 y 4,5 g y son de madurez tardía, tomando un color morado oscuro. Su rendimiento de aceite oscila entre el 22 y el 31 %.

Se trata de una variedad resistente al frío y a la sequía, y se emplea mucho como portainjertos.

Otras variedades

Además de las variedades descritas, existen otras de cultivo muy localizado que citaremos a continuación:

EL OLIVO EN ESPAÑA

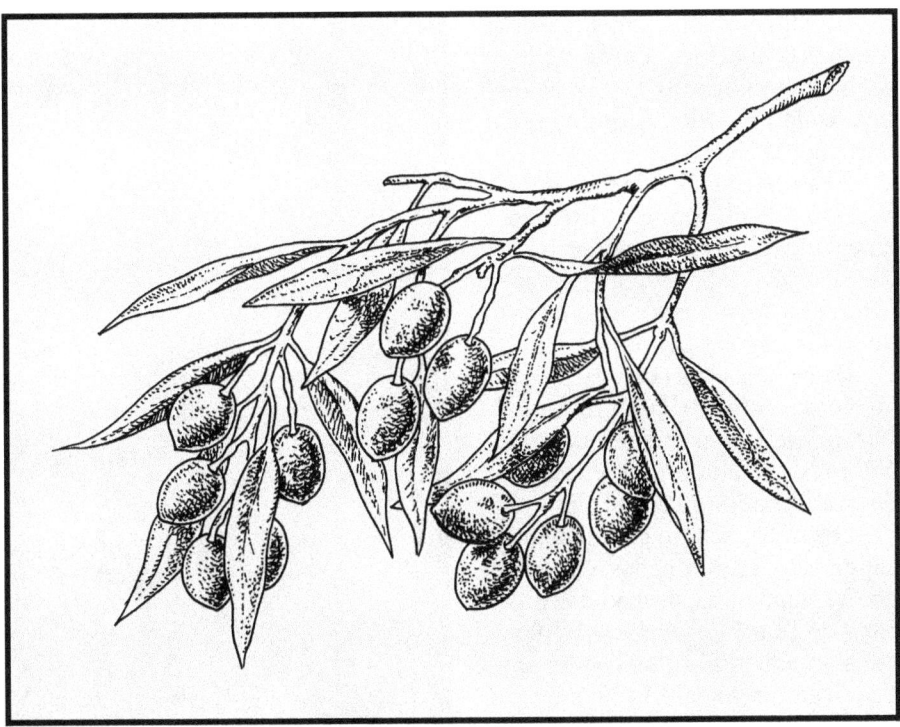

Detalle de una rama de olivo con fruto

— en la región de Levante se cultivan la blanqueta, la villalonga y la empeltre, de tamaño regular y forma ovalada, cuyo árbol es de vigor mediano, resistente al frío y muy productivo;
— de Andalucía son las variedades de olivo lechín y zorzaleño, de fruto pequeño, y el almeño, de tamaño regular;
— en Cataluña se cultivan la argudella y la coribella o corbella;
— en Castilla-La Mancha se encuentran la oznau, la redondella y el limoncillo.

Variedades de verdeo

GORDAL

Esta variedad de verdeo también es conocida con los nombres de *gordal sevillana* y *olivo real*.

GUÍA COMPLETA DEL CULTIVO DEL OLIVO

Se cultiva principalmente en la provincia de Sevilla, desde donde se ha extendido al resto de la península, Estados Unidos y el norte de África.

El árbol es más o menos desarrollado y fértil, pero muy exigente en el cultivo. En las regiones fértiles alcanza mayor vigor, presentando una copa abierta, con ramas de frutos largos y péndulos.

Posee hojas lanceoladas, de color verde oscuro y peciolo largo. Las inflorescencias tienen de 10 a 30 flores y es autoestéril: el aborto de ovario puede alcanzar el 70 %.

Los frutos son de gran tamaño, elipsoidales, acorazonados, terminados en punta roma, de madurez precoz y de 13 a 14 g de peso; la pulpa está muy adherida al hueso y es poco rica en aceite (sólo un 14 %).

Las aceitunas de mesa o de verdeo producen conservas de gran calidad

Manzanilla

Se cultiva principalmente en la provincia de Sevilla, pero también se encuentra en todas las zonas olivareras de España, donde recibe otros nombres, como el de *manzaneta* en Aragón y *redondilla* en La Rioja. Asimismo, su cultivo se ha extendido por Italia, Israel, Estados Unidos y Argentina.

Se trata de un árbol de porte mediano, de pocas hojas, largas, de color verde grisáceo, péndulas y flexibles. Las hojas, de forma elíptica, son pequeñas o todo lo más medianas, de color verde brillante y gris plateado en la cara inferior.

La inflorescencia forma racimos cortos con 15 o 20 flores autofértiles, de las que se pierden un 50 % por aborto del ovario.

Las aceitunas se cosechan sin madurar cuando completan su desarrollo y presentan un color verde intenso, lo cual ocurre en la provincia de Sevilla del 10 de septiembre al 10 de octubre. El fruto es globoso, aplanado, de forma parecida a la de una manzana, con un peso de unos 4 g aproximadamente aunque puede llegar a alcanzar 5 o 6. El grano es elíptico, pequeño y de superficie lisa,

fácilmente separable del fruto. Se trata de una variedad muy productiva ya que su rendimiento de aceite llega al 20 %.

MORONA

Es una variedad extendida por toda la península; también recibe el nombre de *manzanilla basta*. El árbol es vigoroso, mayor que la manzanilla, con numerosas ramas abiertas de hojas alargadas y color verde claro. La aceituna pesa 4 o 5 g.

RAZAPALLA

Es una variedad muy cultivada en Sevilla, donde también recibe el nombre de *rapasayos*. En otras regiones españolas suele llamársela *carrasqueña*.

Principales áreas olivareras españolas

A continuación reseñamos las características más importantes de las diferentes áreas de cultivo del olivar en España, representadas en el mapa.

1. Andalucía occidental

Superficie olivar: 240.000 ha.
  Localización y variedades: Comprende las provincias de Sevilla (excepto la comarca de Estepa), Huelva y Cádiz, así como la comarca cordobesa de La Carlota. Se cultivan diversas variedades, tanto de almazara (verdial, zorzaleña y lechín) como de mesa (manzanilla, gordal, etc.).
  Clima: Los inviernos son cálidos.
  Explotación: Hay una gran concentración de olivares de verdeo.
  En la Sierra Sur y en otras comarcas se han creado plantaciones intensivas de manzanilla y otras variedades con riego por goteo.

2. Andalucía oriental

Superficie olivar: 70.000 ha.
  Localización y variedades: Comprende las provincias de Almería, Málaga (salvo la comarca de Archidona) y las del norte de Granada (excepto las co-

GUÍA COMPLETA DEL CULTIVO DEL OLIVO

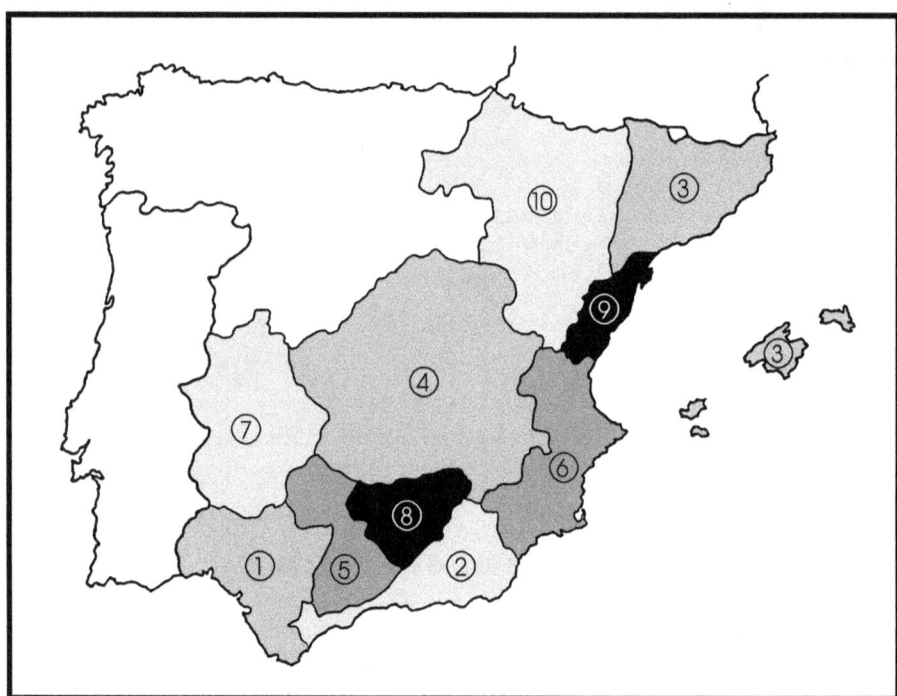

marcas de Iznalloz y Loja). Además de la picual y la hojiblanca, se cultivan dos variedades típicas de la zona: la verdial de Vélez-Málaga, para la almazara, y la aloreña, buena para la mesa y para aceite.

Clima: Los inviernos son muy suaves, lo que propicia los ataques de plagas y enfermedades.

Explotación: Existen cooperativas de aderezo de hojiblanca.

El índice de concentración del olivar es muy bajo.

3. Arbequina

Superficie olivar: 120.000 ha.

Localización y variedades: Comprende las provincias de Tarragona (excepto el sur), Barcelona, Lérida, Gerona y Baleares. La variedad principal es la arbequina.

Clima: En las comarcas leridanas el clima es agreste. En el resto de las provincias es más templado.

EL OLIVO EN ESPAÑA

Explotación: Los árboles son de escaso porte.

Los aceites de las comarcas leridanas y tarraconenses son de excelente calidad, especialmente los de las denominaciones de origen Les Garrigues y Siurana.

En Baleares, los olivares son escasos, aunque milenarios.

4. Centro

Superficie olivar: 300.000 ha.

Localización y variedades: Comprende las provincias de Ávila, Madrid, Toledo, Ciudad Real, Guadalajara, Cuenca y Albacete. La variedad más importante es la cornicabra, que produce un aceite de excelente calidad.

Clima: En invierno, las zonas llanas están expuestas a las heladas.

Los ataques de tuberculosis suelen ser bastante frecuentes.

Explotación: La densidad de las plantaciones es, en general muy baja.

En España se cultivan 27 variedades de olivo, aunque algunas se encuentran poco extendidas

Los aceites de la variedad cornicabra aquí cultivada son de muy buena calidad.

En algunas comarcas se cultivan olivos de varios pies. En las zonas montañosas se han venido realizando nuevas plantaciones. En los terrenos llanos se arrancan los olivos viejos. El cultivo de la variedad picual se va imponiendo sobre las demás variedades.

5. Hojiblanco

Superficie olivar: 380.000 ha.

Localización y variedades: Comprende la provincia de Córdoba (a excepción de las comarcas de Bujalance y Carlota) así como las comarcas de Archidona y norte de Málaga, Loja (Granada) y Estepa (Sevilla). La variedad predominante es la hojiblanca, destinada tanto a la almazara como a la mesa.

Clima: El clima suele ser templado en invierno y excesivamente caluroso en verano.

Explotación: En las comarcas de campiñas se cultivan olivos de cuatro pies. Existen varias cooperativas de aceites de mesa (variedad hojiblanca).
Denominación de origen Baena.

6. Levante

Superficie olivar: 60.000 ha.

Localización y variedades: Comprende las provincias de Murcia, Alicante y Valencia. Las variedades suelen ser locales, como, por ejemplo, la villalonga y la blanqueta.

Clima: Las variaciones de temperatura suelen ser bastante bruscas.

Explotación: Los aceites de las zonas altas son de muy buena calidad (La Montaña, Alto Palancia y Sierra de Espadán).

En las zonas del litoral los cultivos son bastante escasos.

7. Oeste

Superficie olivar: 250.000 ha.

Localización y variedades: Comprende las provincias de Badajoz, Cáceres y el sur de Salamanca. En Badajoz predominan las variedades morisca y la carrasqueña, buenas para la almazara y para la mesa, respectivamente, y en Cáceres la cacereña, apta para la mesa.

Clima: El medio es muy bueno. La altitud es la adecuada, aunque las pendientes son demasiado acentuadas en las zonas altas.

Explotación: En el norte de Cáceres hay una alta densidad de olivares.

Los cultivos de aceituna de mesa son muy extensos en las comarcas cacereñas.

8. Picual

Superficie olivar: 580.000 ha.

Localización y variedades: Comprende la provincia de Jaén y algunas comarcas de Granada y Córdoba (Iznalloz y Bujalance, respectivamente). Predomina la aceituna de almazara, sobre todo la picual.

Clima: Excelente.
Explotación: Buen rendimiento de los olivares.
Almazaras en régimen cooperativo.
Denominación de origen Sierra del Segura.

9. Tortosa-Castellón

Superficie olivar: 80.000 ha.
 Localización y variedaes: Comprende el sur de la provincia de Tarragona y la de Castellón. Las variedades, en su mayoría, son autóctonas, como, por ejemplo, la farga, la sevillenca y la morrut.
 Clima: Excelente.
 Explotación: Se han introducido nuevas plantaciones en las que se cultivan otras variedades.

10. Valle del Ebro

Superficie olivar: 60.000 ha.
 Localización y variedades: Comprende las provincias de Álava, Navarra, Logroño, Zaragoza, Huesca y Teruel. La variedad más común es la negral, aunque la empeltre es cada vez más frecuente.
 Clima: En las zonas bajas son frecuentes las heladas.
 Explotación: Plantaciones de carácter intensivo con introducción de nuevas variedades.
 En las comarcas tarraconenses y castellonenses se da una alta concentración de cultivos, si bien el gran porte de los árboles dificulta el trabajo.

PLANTACIÓN

El olivar puede estar situado tanto en un terreno llano como en uno más o menos inclinado. En el primer caso sólo es preciso nivelar el terreno si se quiere regar, dándole la inclinación adecuada para que el agua se deslice. Tales tareas se harán con anterioridad a las labores de desfonde, procurando que al remover la tierra no queden zonas sin espesor suficiente para el desarrollo de las raíces.

En el caso de cultivar el olivo en terrenos inclinados, cosa muy frecuente, habrá que proteger el suelo de la erosión provocada por el arrastre del agua. Si la pendiente es superior al 3 %, la única solución será plantar los olivos siguiendo las curvas de nivel; a partir del 5 % habrá que construir barreras de contención, distanciadas entre 8 y 15 m siguiendo las curvas de nivel; en pendientes superiores al 8 % la única solución será preparar bancales.

Preparación del suelo

El suelo donde se cultiva el olivo debe ser lo bastante suelto para permitir el desarrollo de las raíces y la penetración del agua hasta las zonas profundas. Los suelos areno-

La inclinación del terreno determina la planificación y los trabajos de plantación

PLANTACIÓN

sos, muy ligeros, no suponen ninguna dificultad; en cambio, en los suelos más o menos pesados, arcillosos, con alternancia de capas compactas o con una zona arable muy superficial, deberá realizarse una labor previa de desfonde que permita el acceso a las raíces y amplíe la capa cultivable. La labor de subsolado con el arado-topo se realiza a una profundidad de 80 cm a 1 m. Puede hacerse en todo el campo o sólo en las franjas de terreno donde se planten los olivos.

También es muy corriente hacer una labor de volteo al suelo a una profundidad de 40 a 50 cm, siempre que el espesor de la capa lo permita. En el caso de que se haya decidido un cultivo de regadío, es obligatorio hacerla. Esa labor se completará con otra de rastrillado que permita eliminar restos de órganos subterráneos de plantas infestantes.

La labor de subsolado debe hacerse con el suelo seco, pues permite agrietarlo mejor; la labor de volteo debe realizarse con el suelo húmedo unos meses antes de la plantación.

Inmediatamente después de remover la tierra se prepararán los hoyos donde se plantarán los olivos. Los hoyos tienen una profundidad de 50 a 60 cm y una superficie cuadrada cuyo lado oscila entre 1,5 y 2 m. Si el fondo del hoyo está formado por una costra calcárea, para conseguir su agrietado deben emplearse explosivos que la rompan. Suele recurrirse a los cartuchos de agricultor de 100 g, colocando uno o dos por hoyo.

Durante el cultivo, el abonado con productos fosfatados y potásicos no suele dar muy buenos resultados, ya que no alcanza las raíces, por lo que, dada su persistencia en el suelo, la mejor solución será realizar una labor de volteo de la tierra. Las cantidades que se emplean en cada ocasión son 2 o 3 t de abonos fosfóricos y entre 300 y 500 kg de cloruro potásico por hectárea. Si todo se realiza siguiendo las indicaciones pertinentes, el desarrollo del árbol será mucho más rápido y comenzará pronto a dar fruto.

Época de plantación

Las épocas más favorables para la plantación son los meses de otoño (sobre todo entre octubre y noviembre) y a finales de invierno (entre febrero y marzo).

Tanto si se trata de una como de otra época, los cuidados de los planteles deberán ser los mismos: durante el transporte y almacenamiento es mejor que conserven su pan de tierra, por lo que deberá envolverse cada cepellón en una bolsa de plástico y mientras se espera el momento de plantarlos, deberán guardarse en una zanja cubiertos de tierra. Hay que impedir que se sequen.

Cuando estén plantados, debe regarse cada planta para conseguir un buen asentamiento del suelo y la adherencia de este a las raíces. En aquellas zonas en

GUÍA COMPLETA DEL CULTIVO DEL OLIVO

La disposición regular de los olivos influye positivamente en el desarrollo de los árboles y la producción de frutos

las que los inviernos sean templados, se recomienda plantar tanto más temprano cuanto más ligero sea el suelo y menos abundante la pluviosidad. Una plantación temprana permite la formación de raíces nuevas durante el invierno y la primavera, lo que permitirá que el árbol resista los fuertes calores del verano. En aquellas zonas en que los inviernos son muy lluviosos, es mejor plantar en febrero, ya que si se hace antes, la humedad del suelo y la poca vitalidad de las plantas, todavía en reposo invernal, provocarán la podredumbre de las raíces. Sin embargo, al terminar el arraigo en verano, que es la estación más seca, habrá que regar los suelos para garantizar un buen desarrollo.

Disposición de las plantas

Una disposición regular y simétrica es indispensable no solamente por cuestiones estéticas, sino también para evitar competencias en la nutrición, facilitar el laboreo del suelo, el abonado, la distribución de los anticriptogámicos, etc. Las disposiciones más adecuadas son las siguientes:

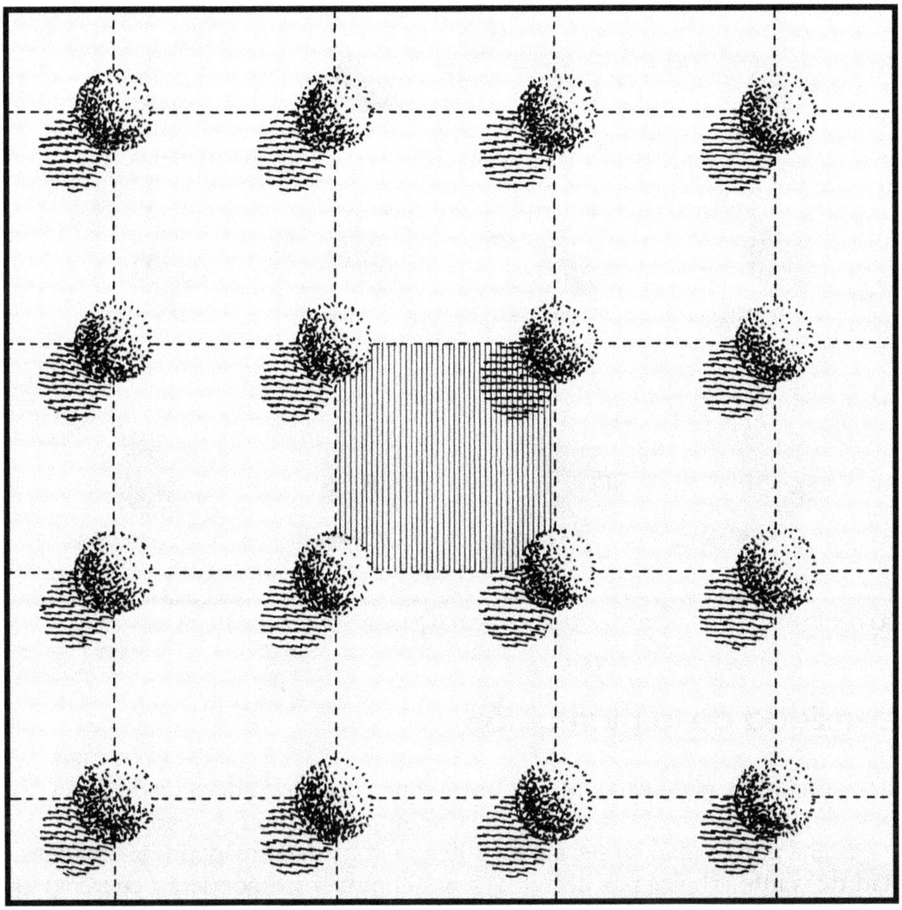

PLANTACIÓN

Disposición en cuadro o marco real

— en cuadro o marco real;
— al tresbolillo (de manera que se forme una red romboidal);
— en rectángulo.

La mejor orientación para las plantas es la que va de norte a sur, para garantizar una buena iluminación; en las zonas meridionales se recurre también a la que va de este a oeste. En zonas de relieve onduladas, las plantas se dispondrán siguiendo las curvas de nivel.

El número de las plantas depende del desarrollo de la copa que se desee.

GUÍA COMPLETA DEL CULTIVO DEL OLIVO

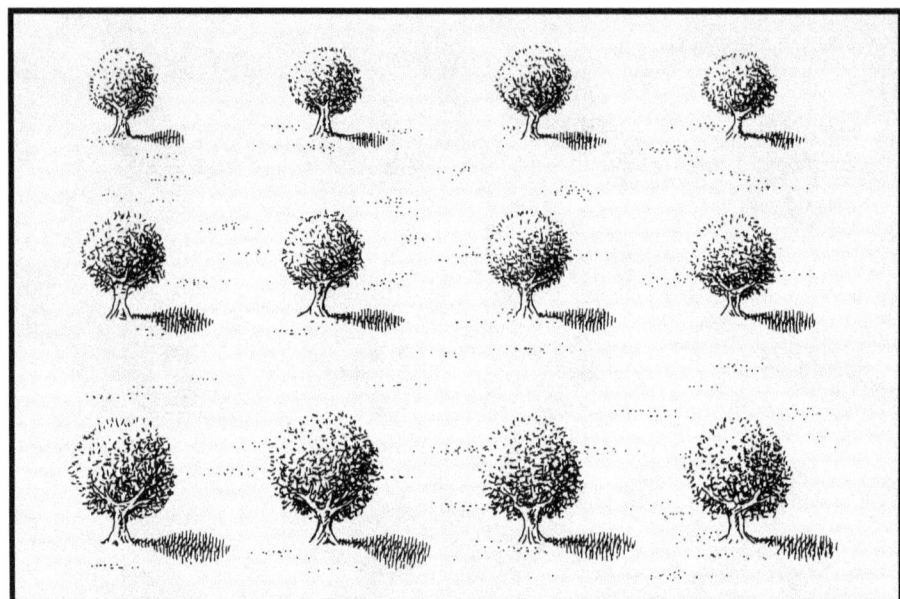

La disposición en cuadro o marco real deja suficientes espacios abiertos

Densidad de la plantación

La densidad de plantación está en función de la cantidad de agua de lluvia disponible, que, no obstante, siempre debe completarse con el riego.

A una pluviosidad en secano de 200 mm anuales corresponderá una densidad de veinte árboles por hectárea, y a 300 mm corresponderán cuarenta árboles por hectárea distribuidos en un marco de 15 x 15 m; por otra parte, si la pluviosidad es de 400 mm, pueden plantarse sesenta y cinco árboles por hectárea, es decir, en un marco de 12 x 12 m; cuando la pluviosidad anual alcanza los 800 mm o se puede hacer el cultivo por regadío, la cantidad máxima es de cien árboles por hectárea, lo cual corresponde a un marco de 10 x 10 m.

Una mayor densidad en suelos de regadío, que puede llegar a 200 o 250 árboles por hectárea, no es aconsejable ya que, si bien en los seis o siete primeros años, cuando los árboles están lo suficientemente separados y crecen en forma arbustiva, la producción puede ser el doble de la plantación con sólo cien olivos por hectárea, a los diez o doce años, cuando han alcanzado su desarrollo definitivo, las raíces están demasiado juntas y las copas llegan a ponerse en contacto, con las consiguientes dificultades para la práctica de las labores, perjudi-

PLANTACIÓN

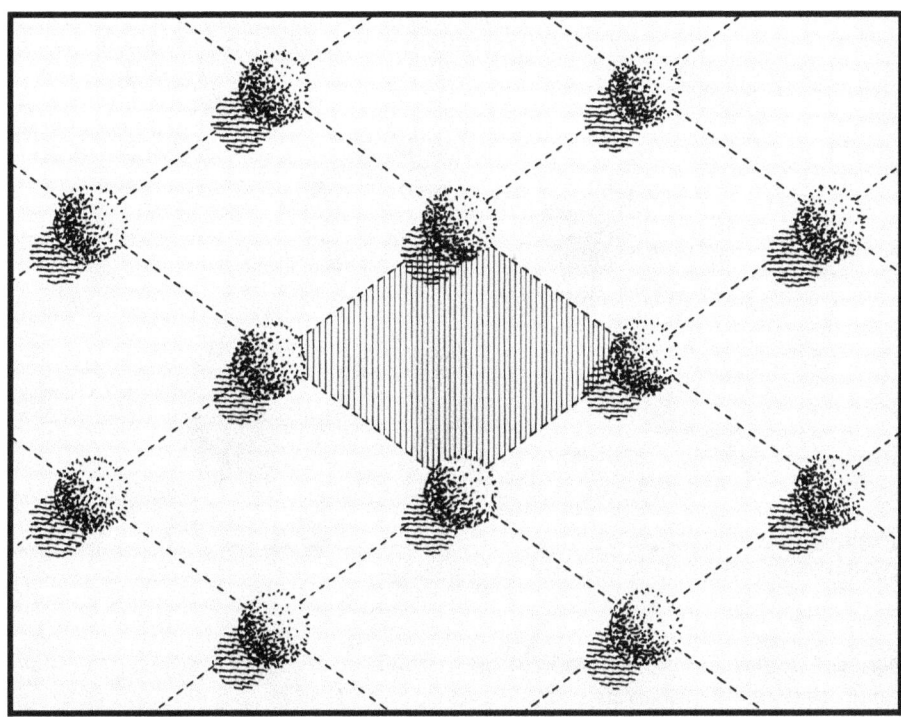

Disposición al tresbolillo

cando la circulación del aire y la iluminación, aumentando la humedad y favoreciendo el desarrollo de enfermedades criptogámicas y de plagas como las de pulgones y cochinillas.

Por otra parte, el plantel de olivo, que necesita cinco años de cuidados hasta alcanzar el tamaño adecuado para ser colocado en su sitio definitivo, resulta especialmente caro si debe arrancarse al cabo de cinco o seis años de producción.

La solución más económica es, por lo tanto, plantar a marco ancho intercalando cultivos de plantas hortícolas que no requieran excesivos cuidados.

Práctica de la plantación

Para conseguir un buen arraigo de las plantas procedentes de vivero, la plantación debe hacerse con planteles provistos de sus panes de tierra; sin embargo,

GUÍA COMPLETA DEL CULTIVO DEL OLIVO

Representación de la disposición al tresbolillo

esto no siempre es posible, por lo que también pueden plantarse árboles con raíces desnudas, que arraigarán bien sobre todo si se hace en tiempo seco y se toman algunas precauciones:

— para evitar la transpiración de las hojas, habrá que eliminarlas antes de arrancar el plantel;
— para que no se sequen las raíces desnudas, nada más arrancar los planteles habrá que protegerlas con una pasta formada por un tercio de estiércol y dos tercios de arcilla amasada con agua;
— al plantar no deben quedar bolsas de aire entre las raíces que impidan el contacto directo con la tierra. Esto se consigue cubriendo las raíces con una capa de tierra bien tamizada y regándolas inmediatamente después;
— las plantas más idóneas son las que se han cuidado durante un par de años en un vivero. Si se emplea el antiguo sistema de estacas horizontales o zuecas, debe tenerse especial cuidado de que al arrancar y transportar las plantas no se desprendan las yemas ni los brotes jóvenes que empiezan a formarse, pues se interrumpiría el desarrollo normal de los futuros olivos.

La profundidad de la plantación debe ser la misma que tenía la planta en el vivero. Se tiende a enterrarla más para protegerla de la sequía, pero esto no

PLANTACIÓN

En perspectiva aérea, puede verse la disposición de los árboles en una explotación olivarera

debe hacerse en zonas donde los índices de pluviosidad son demasiado altos. Por otra parte, si el suelo es muy seco suelen plantarse estacas horizontales o zuecas a 30 cm de profundidad, de modo que se forma una cubeta en la superficie donde se recoge el agua, procurando que los bancales tengan una inclinación adecuada para llevar el agua a los hoyos.

Si se quieren plantar arbolitos ya enraizados en suelos muy secos, habrá que podarlos a 10 cm del cuello, cubrirlos con tierra y regarlos para mantener la humedad durante dos años. Asimismo, se les puede aplicar, además de los abonos fosfóricos y potásicos de absorción lenta, cierta cantidad de estiércol recién descompuesto (aproximadamente unos 50 kg por árbol), que debe enterrarse bien en el momento de las labores de desfonde o colocarlo en el fondo del hoyo, siempre procurando que las raíces y el estiércol no estén en contacto.

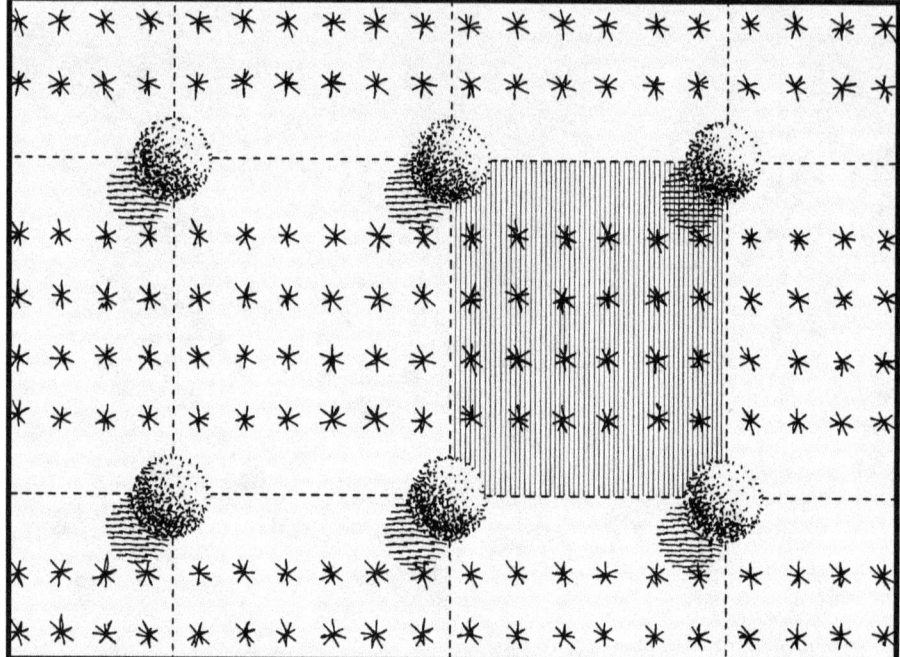
Representación ideal del olivar con cultivos alternados

Cuidados después de la plantación

Para asegurar el arraigo es necesario mantener el suelo húmedo todo el año, de manera que el volumen de agua sea suficiente para mojar un volumen de suelo superior al que ocupan las raíces, sin llegar a producir encharcamientos. Se calcula que son precisos unos 30 l en tierra arenosa y unos 60 l en tierra semicompacta de buen cultivo; asimismo, conviene realizar un ligero abonado nitrogenado a razón de 1 g de nitrógeno por litro de agua, es decir, de 30 a 60 g por árbol.

Cultivos intercalados

Dado el crecimiento lento del olivo, queda un gran espacio entre las hileras de árboles que puede aprovecharse durante los primeros años para otro cultivo herbáceo y anual, como cereales, forrajes u hortalizas, pero sin usurpar el te-

PLANTACIÓN

Cultivos de olivar y viñedo alternados

rreno de los árboles, que deben disponer desde el primer año de plantación de un espacio de 1,5 a 2 m de radio, que aumentará cada año en un metro. A partir de los seis años no será posible intercalar otros cultivos.

Un cultivo productivo puede llegar con el tiempo a hacer una fuerte competencia al olivo. Muchas veces, en terrenos de secano y de forma más o menos perenne, el olivo suele cultivarse asociado a la vid, ya que ambos se adaptan muy bien; el almendro, en cambio, es bastante perjudicial.

CULTIVO

Labores mecánicas

Las labores que deben aplicarse al olivo se limitan a pases periódicos de reja o cultivador con objeto de mantener el suelo mullido, lo cual facilita la aireación y absorción del agua de lluvia y lo deja limpio de malas hierbas.

No hay que cavar a demasiada profundidad, ya que las raíces del olivo suelen ser superficiales; si se va más allá de 20 o 30 cm podrían mutilarse las raíces que buscan la alimentación en esta zona. En suelos arenosos las raíces son algo más profundas, por lo que la labor de arado puede profundizar hasta 20 cm. En cambio, las tierras compactas arcillosas y mal aireadas exigen una labor más profunda, ya que las raíces suelen estar muy cerca de la superficie. Este contrasentido conduce al dilema de si conviene labrar a una cierta profundidad para evitar la asfixia de la planta, con el consiguiente daño para las raíces, o hacer todo lo contrario. La mejor solución es evitar los suelos arcillosos.

A continuación, pueden verse las diferentes pautas que deben seguirse para el laboreo mecánico del olivo.

La primera labor se hará a finales de invierno con un buen tempero de lluvia en el suelo y antes de que comience a brotar el olivo. Como ya se ha dicho, la profundidad de la labor dependerá de la clase de suelo, debiéndose contar como profundidad media unos 15 cm. Cuanto más tarde se haga la labor, más superficial deberá ser. El apero más indicado para esta labor es el cultivador, pues el arado de vertedera rompe demasiadas raicillas. Si se quiere levantar la tierra, lo cual no es muy necesario, se empleará la grada de discos y a continuación se llevará a cabo una labor con el cultivador.

La segunda labor se hará a los veinte o treinta días después de la primera para aprovechar las lluvias primaverales y eliminar la hierba que empieza a brotar; esta operación se hace con el mismo apero y a la misma profundidad que la anterior.

A primeros de mayo, poco antes de la floración, conviene dar una tercera labor a una profundidad menor que las anteriores (10 cm) para romper la cos-

CULTIVO

La falta de labranza del suelo y la proliferación de malas hierbas provocan una disminución considerable de la cosecha

tra superficial, eliminar las malas hierbas y dejar la tierra bien preparada para las labores del verano. Un buen recurso consiste en hacer estas labores alternadamente en ambos sentidos.

En verano, puesto que lo más importante es evitar la pérdida de agua por evaporación, conviene hacer una labor cada vez que el suelo esté endurecido o agrietado. En verano, hay que comenzar tan pronto aparezcan los primeros calores y se corra el peligro de que se sequen los primeros frutos que empiezan a formarse. En las zonas más cálidas donde se cultiva el olivo, habrá que comenzar a mediados de junio, después de las lluvias, justo cuando la tierra comienza a secarse y endurecerse. Durante los meses más cálidos de julio a septiembre se dará un pase cada vez que el suelo se agriete o endurezca. Las labores se realizarán con un cultivador y a unos 5 o 10 cm de profundidad, dependiendo su inicio de la sequedad del suelo. En los primeros años de la plantación, cuando el árbol inicia su desarrollo, deben realizarse varias labores de cava para mantener limpia la superficie del hoyo de plantación.

El número de cavas que se aplicarán a los hoyos variará en función del tipo de suelo, las lluvias anuales y el total de riegos que se da a las plantas durante su periodo de crecimiento. Técnicamente, las cavas del hoyo de plantación tendrán que ser tantas como labores de arado se hagan en la misma; sin embargo, como muchas de estas labores se hacen para conservar el agua en el suelo y en los hoyos, al profundizarla se capta una mayor cantidad de agua y el número de cavas será más reducido, ya que su único cometido será la eliminación de malas hierbas.

Si el invierno no es muy seco, las cavas pueden suprimirse. La primera se dará en abril y la segunda al iniciarse el laboreo del verano. Durante esta época, se regarán los hoyos dos o tres veces para que se produzcan grandes grietas en la superficie, lo que exigirá una cava después de cada riego, sobre todo cuando empiezan a brotar las hierbas infestantes, para eliminarlas y al mismo tiempo nivelar el terreno.

Transcurridos cuatro o cinco años de la plantación, cuando el árbol haya alcanzado el suficiente desarrollo pero aún no se haya diferenciado bien el tronco de la copa por estar todavía bajo la poda de formación y con ramas bajas, es aconsejable realizar un par de cavas, la primera de las cuales deberá hacerse alrededor del tronco para eliminar las malas hierbas, ya que no es aconsejable el empleo de herbicidas que podrían dañar el follaje.

Cuando la copa esté lo suficientemente elevada y el tronco bien diferenciado, pueden sustituirse las cavas, siempre costosas, por las labranzas. En su lugar se harán labores más cercanas al tronco o escardas químicas con herbicidas.

Deshierbe químico

Al llegar el verano, el suelo del olivar debe estar libre de malas hierbas durante el mayor tiempo posible, ya que estas son las causantes de la pérdida de la mayor parte del agua del suelo debido a la escasa pluviosidad de nuestras zonas olivareras (400-600 mm); esto obliga a realizar durante la primavera un tratamiento que destruya las malas hierbas y evite durante el mayor tiempo posible su nueva aparición.

En otoño debe hacerse otro tratamiento antes de la cosecha para que el suelo esté limpio, ya que las aceitunas que caen entre la maleza que pueda haber entre los olivos son de difícil recolección y puede llegar a perderse hasta un 8 % de la cosecha. Según el modo que tengan las plantas de absorber los herbicidas, se pueden hacer tres grandes grupos: los herbicidas de contacto, que actúan directamente sobre la plantación destruyendo la parte atacada pero sin llegar a los órganos subterráneos por no estar en contacto con ellos; los herbicidas de absorción que, como su nombre indica, aplicados sobre el suelo, son absorbidos por las raíces provocando la destrucción de las plantas; estos herbicidas son tanto más eficaces cuanto más débiles sean las plantitas que se desee destruir y pueden emplearse cuando estas aún no han emergido del suelo (preemergencia) o cuando ya empiezan a brotar y alcanzan hasta 10 cm de altura (postemergencia); un tercer grupo de herbicidas está formado por los que se aplican sobre las plantas desarrolladas para que sean absorbidos por las hojas y, a través de la savia, destruyan los órganos subterráneos; estos herbicidas son especialmente eficaces sobre hierbas provistas de bulbos o rizomas, como, por ejemplo, las gramíneas.

El tratamiento para eliminar las malas hierbas debe realizarse en primavera y en otoño

Al primer grupo pertenecen los productos derivados del piperidilo, Diaquat y Paraquat, muy conocidos por los nombres comerciales de Reglone y Gramoxone respectivamente; son muy solubles en agua y es conveniente agregar un mojante a la solución para que se adhieran mejor a las hierbas tratadas. No son selectivos y se emplean sobre cualquier tipo de hierba ya desarrollada. Sin embargo, al no ser destruidos los órganos subterráneos, estos productos deberán aplicarse periódicamente si se quiere ver el suelo completamente libre de malas hierbas.

Al segundo grupo pertenecen los productos siguientes: Atrazina, Dimetrine, Prometrina, Simazima, etc., todos compuestos químicos triazínicos. La Simazina es el más empleado en el cultivo del olivo, y los nombres comerciales más conocidos son: Betazmi, Gesatop, Simazín, Keinacina y Procina. La Simazina actúa principalmente sobre las semillas en germinación y es un preparado de preemergencia y de postemergencia; se encarga de todas las plantas anuales, tanto de hoja ancha como de estrecha, y permanece en el suelo entre 5 y 10 meses. Debe aplicarse sobre el suelo húmedo, a ser posible después de la lluvia.

Otro preparado del mismo grupo es la Atrazina (Atamix, Atramine, Gesaprim, Herbiland, Retrazín, etc.). Es muy semejante al anterior pero, además de su absorción radical, también se absorbe por las hojas y precisa menos humedad. Por ello es bueno emplear en primavera la asociación Atrazina-Simazina, porque se complementa la acción de la Simazina en preemergencia y de la Atrazina en postemergencia y dura más tiempo.

Por otra parte, el Diurón (Lundasol, Diater, Genurón, Karcide, Yerban, etc.) y el Linurón (Afalín, Linuben, Sarclex, Unurón, etc.) derivan de la urea. Se emplean en pre y postemergencia y se aplican en suelos de los que previamente se han eliminado malas hierbas con tratamientos anteriores. Su duración es de seis a ocho meses.

Los derivados benzonitrilos como la Clortiamida y el Diclobenil dan buenos resultados con muchas infestantes, incluso en postemergencia, si bien el mejor momento de aplicarlos es en preemergencia, inmediatamente después de la labranza y a ser posible con el suelo seco.

Al tercer grupo pertenece el Dalapón, que absorbido por las raíces y por las hojas actúa principalmente sobre monocotiledóneas, tanto anuales como perennes, y el Glifosfato, comercialmente conocido como Roundup, que tiene una acción muy eficaz en postemergencia para el control de monocotiledóneas y dicotiledóneas, tanto anuales como perennes, incluso si tienen órganos subterráneos de resistencia (rizomas, bulbos, tubérculos). Se emplea principalmente en la eliminación de gramíneas resistentes a otros herbicidas, como son la grama, la juncia, las avenas silvestres, etc.

En el cultivo del olivo deben hacerse anualmente dos tratamientos básicos con herbicidas alrededor del tronco: uno a finales de invierno y después de una lluvia o de haber regado al pie del árbol, empleando herbicidas de preemergencia como Simazina o Atrazina o mejor la acción de ambos, que destruye las plantitas a medida que van brotando y permite tener los alrededores del árbol libres de infestantes hasta bien entrado el verano, en que los fuertes calores no permiten la brotación de nuevas hierbas. El otro tratamiento se hace con herbicidas de contacto como Paraquat y Diacuat, cuando después de la lluvias de otoño y antes de la cosecha ha brotado gran cantidad de malas hierbas.

Estos tratamientos pueden completarse con un tercero a base de Diurón, efectuado después de la cosecha y coincidiendo con la primera labor de arada que se dé al suelo, complementada con una ligera escarda alrededor del árbol, donde no llegue el arado; esto mantendrá al olivar libre de malas hierbas todo el invierno.

Para destruir las gramíneas muy resistentes, el mejor procedimiento consiste en efectuar uno o dos tratamientos durante la primavera, con dichas hierbas aisladas o en rodales, empleando Glifosfato.

FERTILIZACIÓN

El abonado del olivo, como el de cualquier otro vegetal, se realiza en función de sus necesidades en las distintas fases de su desarrollo, es decir, depende de la cantidad de sustancias fertilizantes que extrae del suelo y que deben restituirse por el abonado para que la planta encuentre siempre cubiertas tales necesidades.

Se puede decir que el suelo está bien dotado de los principales elementos nutritivos cuando la cantidad de nitrógeno (N) es aproximadamente el 0,1 % y las cantidades de dióxido de fósforo (P_2O_5) y de óxido de potasio (K_2O) se encuentran cada una en una proporción de aproximadamente el 0,03 %.

Por término medio, cada año una hectárea de olivar extrae del suelo de 17 a 33 kg de nitrógeno, de 8 a 20 kg de dióxido de fósforo, de 20 a 50 kg de óxido de potasio y de 20 a 50 kg de calcio, si bien hay que tener en cuenta el tipo de suelo del que se trata. La relación de equilibrio entre estos tres elementos es la siguiente: $2N - P_2O_5 - 2,5K_2O$.

También puede determinarse la cantidad necesaria de cada uno de ellos teniendo en cuenta la cantidad que se precisa para obtener

La riqueza de elementos básicos en las hojas a fines de verano es un indicador idóneo de las cantidades de abono que el árbol necesita

El estiércol maduro permite al olivo mantener una reserva adecuada de nitrógeno

100 kg de aceitunas, que es el siguiente: 0,9 kg de nitrógeno, 0,2 kg de dióxido de fósforo, 1 kg de óxido de potasio y 0,4 kg de óxido de óxido de calcio.

Un sistema muy eficaz para determinar las cantidades precisas de abono consiste en averiguar por medio del diagnóstico foliar la riqueza de elementos básicos en las hojas cuando estas se encuentran en su máximo desarrollo a fines de verano y un poco antes de la recolección, y compararlas con la riqueza de los mismos elementos en hojas de olivos en perfecto desarrollo y buena producción de fruto.

El tanto por ciento de estos elementos que falte en las hojas en ensayo con respecto a las hojas en desarrollo óptimo es la cantidad de fertilizante que deberá aportarse.

La cantidad óptima que deben contener las hojas de los olivos en buen desarrollo y que sirve de patrón para comparar la riqueza de las distintas plantaciones varía según la zona de cultivo y la variedad del olivo; los centros agrónomos donde se llevan a cabo los diagnósticos foliares tienen bien estudiados dichos patrones.

Como regla general, puede considerarse que la riqueza óptima de las hojas se sitúa en la siguiente proporción:

FERTILIZACIÓN

— nitrógeno: 2,1 %;
— dióxido de fósforo y óxido de potasio: 1,5 %.

Al aplicar los fertilizantes deben tenerse en cuenta factores como la textura y humedad del suelo. En el caso de la humedad pueden presentarse dos extremos perjudiciales: la carencia y el exceso. La falta de humedad en un cultivo de secano impide la disolución del fertilizante y, por consiguiente, su absorción por la planta; por el contrario, un exceso de humedad, producido por una fuerte pluviosidad y en especial en suelos sueltos, puede depositar los nutrientes en el fondo del suelo, más allá de las raíces.

El abonado con estiércol maduro sigue siendo un buen sistema, aunque no siempre se puede disponer de él.

El estiércol constituye una buena reserva de nitrógeno a disposición del olivo, ya que por la acción de los microorganismos del suelo, la mayor parte de la materia orgánica pasa a estado amoniacal y luego a nítrico, forma en la que el nitrógeno es fácilmente absorbido por la planta. Estas transformaciones se realizan paulatinamente durante un largo espacio de tiempo, lo que hace que la planta encuentre en cada momento de su desarrollo la cantidad de nitrógeno que le sea preciso. Un buen abonado con estiércol consiste en la aplicación cada dos años de 10 toneladas por hectárea, repartidas alrededor de los árboles. El momento más indicado para aplicarlo es durante el otoño, enterrándolo a bastante profundidad. Al llegar la primavera se inicia la descomposición del estiércol y el aporte de nitrógeno a la planta.

El cultivo de plantas herbáceas, principalmente leguminosas, fijadoras del nitrógeno atmosférico y que una vez arrancadas e incorporadas al suelo por medio de una labor de arada entran en descomposición, constituye una buena fuente de nitrógeno para el árbol y es una buena práctica siempre que la labor de enterrar las plantas se haga con la suficiente antelación a la cosecha, para que el herbazal no dificulte las operaciones de esta. Se calcula que una plantación de leguminosas representa una aportación de nitrógeno equivalente a la décima parte de un estercolado.

Al emplear fertilizantes inorgánicos, el nitrógeno debe suministrarse en forma de amoniaco, ya que si se hiciera en forma de nitrato, al ser este muy soluble, fácilmente sería arrastrado al fondo del suelo fuera del alcance de las raíces, mientras que las formas amoniacales menos solubles están permanentemente a disposición de la planta.

La necesidad de nitrógeno del olivo varía a lo largo del año, siendo la época de mayor consumo durante la floración y la formación del fruto. Durante este tiempo su necesidad es de un tercio del consumo anual; esta cantidad de nitrógeno debe aplicarse en el periodo de prefloración (entre febrero y marzo) y

GUÍA COMPLETA DEL CULTIVO DEL OLIVO

Los suelos húmedos precisan un aporte mayor de estiércol (nitrógeno) que los suelos de secano

siempre que el suelo tenga suficiente humedad, ya sea por lluvia o por riego. El resto del abono nitrogenado se aplicará de forma gradual. En tierras de secano donde no es posible el abonado fraccionado, la totalidad del abono se incorporará en otoño para que el amoniaco tenga el suficiente tiempo para transformarse en nitrato y ser absorbido fácilmente.

Los compuestos de fósforo y de potasio son fácilmente fijados por suelos más o menos arcillosos, ya que sólo en pequeñas cantidades y después de cierto tiempo se ponen a la disposición de la planta. Por ello se deben incorporar en el suelo durante el otoño y enterrarlos a bastante profundidad; es muy frecuente su aplicación junto con los abonos orgánicos.

Las cantidades que deben aplicarse de ambos fertilizantes dependerán además de la estructura y humedad del suelo, del momento y fase en que se encuentra la plantación. Así, en el primer año de plantación a pleno campo, se aplican de 10 a 15 g de nitrógeno por olivo; en el segundo, de 20 a 40 g; en el tercero, de 40 a 60 g y en el cuarto, de 80 a 100 g. A partir del cuarto o quinto año en que el olivo empieza a dar fruto, se deben aplicar de 100 a 200 g según la entidad de la cosecha.

El fósforo y el potasio sólo se aplicarán a partir del quinto año de la plantación.

FERTILIZACIÓN

La fertilización de cultivos en pleno rendimiento se hará en función de la cosecha y esta, lógicamente, dependerá de la forma en que se ha cultivado el olivo.

Prácticamente pueden considerarse tres grandes tipos de cultivo: plantación en clima muy seco, de 200 a 300 mm de lluvia anual y con una producción de 30 kg de aceitunas por árbol; cultivo de clima húmedo, de 400 a 600 mm de lluvia anual y una producción de 60 kg de aceitunas por árbol; y cultivo de regadío en tierra fértil, con una producción de 100 kg de aceitunas por olivo.

En el primer caso, de clima seco, el aporte de nitrógeno será de 300 g por olivo, el de dióxido de fósforo de 160 g y el de óxido de potasio de 300 g. En el segundo, de mayor pluviosidad, las cantidades serán las siguientes: 500 g de nitrógeno, 320 g de dióxido de fósforo y 500 g de óxido de potasio. Finalmente, en el tercero, de plantación en regadío, las cantidades serán de 700 g de nitrógeno, de 600 g de dióxido de fósforo y 1.000 g de óxido de potasio.

Como ya se ha dicho, conviene realizar cada dos años un estercolado a razón de 50 a 80 kg en secano por cada árbol, de 100 a 120 kg en zona húmeda y de 120 a 150 kg en regadío. Esta aplicación deberá efectuarse en otoño.

El compuesto de fósforo más empleado es el superfosfato de cal, que contiene un 18 % de dióxido de fósforo y un 28 % de óxido de calcio. También se usa el fosfato amónico que contiene un 25 % de nitrógeno y un 53 % de dióxido de fósforo.

Tanto el fósforo como el nitrógeno son precisos para los brotes, la floración y la formación del fruto, por lo que su aplicación debe hacerse antes de la primavera. Siendo menos absorbible, el fósforo se aplica antes, y el nitrógeno cuando vaya a brotar.

Los compuestos de nitrógeno más usados son el sulfato amónico (20,5 % de N), el nitrato amónico (33,5 % de N), el nitrato amónico-cálcico (20 % de N y 18 % de CaO) y la urea (46 % de N).

El potasio tiene especial importancia en la formación y el crecimiento del fruto, especialmente en el proceso de lignificación del hueso, por lo que su aplicación está más indicada cuando el fruto empieza a aumentar de tamaño —es decir, durante todo el verano—, siempre en suelo húmedo; de no ser posible por tratarse de cultivos de secano, es mejor emplearlo junto a los componentes nitrogenados.

Las sales de potasio más empleadas son el cloruro y el sulfato con un 50 % aproximadamente de óxido de potasio.

El nitrógeno, si es posible mantener la humedad del suelo, es mejor aplicarlo en varias veces para que el árbol lo encuentre siempre a su disposición en cada fase de su ciclo vital. De no ser esto posible por no disponer de agua para el riego, puede sustituirse este abonado escalonado por aplicaciones sobre las

hojas (abonado foliar) de una solución acuosa de urea. La concentración debe ser de 1 kg de urea por 100 l de agua. La urea debe ser pura, exenta de biuret, una impureza que se forma en el curso de su fabricación y que debe eliminarse en la industria por ser perjudicial para las plantas.

Además de los tres elementos básicos para la vida de las plantas (nitrógeno, fósforo y potasio), existen otros que en mayor o menor medida son precisos para el olivo y cuya carencia provoca alteraciones en la correcta formación y desarrollo del vegetal.

El olivo es especialmente sensible a la carencia de calcio, magnesio y boro. La falta de cal se aprecia puesto que el olivo requiere un alto pH del suelo, que se corrige con la aplicación de superfosfato cálcico o de sulfato amónico cálcico. La carencia de magnesio se corrige con la aplicación de 1 o 2 kg de sulfato magnésico por árbol o con irrigaciones sobre las hojas de una solución de sulfato magnésico al 2 %. La carencia de boro se subsana con la aplicación de 200 a 400 g de bórax por árbol.

RIEGO

El olivo ha sido considerado siempre como un cultivo de secano, lo que no significa que no necesite agua para su desarrollo y producción normales. En las zonas mediterráneas con poca disponibilidad de agua, esta se ha reservado a cultivos con mayor necesidad, menos resistentes a su carencia. Por regla general, el olivo se desarrolla bien cuando la pluviosidad anual es de 400 a 500 mm, aunque para obtener una buena cosecha sería precisa el agua equivalente a una pluviosidad anual de 900 a 1.000 mm. Además, la lluvia en las zonas mediterráneas no está repartida homogéneamente durante el transcurso del año. Suele haber dos periodos de lluvias intensas, el de invierno a primavera y el de otoño. Pero durante el verano, que es cuando se produce el desarrollo del fruto, la pluviosidad es prácticamente nula, e incluso en la primavera tardía (entre mayo y junio), época de floración e inicio de la formación del fruto y en la que la humedad del suelo es indispensable para que los pedúnculos florales no se sequen y se desprendan las flores, lo que provocaría una disminución importante de la cantidad de frutos y una interrupción del crecimiento de los restantes.

La humedad del suelo es indispensable en verano, cuando se produce el desarrollo del fruto

La distribución del agua deberá hacerse de tal forma que el olivo encuentre en cada momento la que precise para su desarrollo. Durante el invierno, el agua procedente de las fuertes lluvias otoñales y las de la propia estación mantiene la humedad del suelo. Al llegar abril, si no es lluvioso, o al adentrarnos en mayo con mayor calor, puede que ya empiece el periodo de sequía; es el momento de aplicar los riegos, que servirán principalmente para facilitar la brotación y la formación del ramaje, lo cual repercutirá tanto en la cosecha del año como en la de los venideros. Los riegos se sucederán a ser posible durante todo el verano para que los frutos se desarrollen normalmente. Resumiendo, se puede decir que el riego del olivo facilita el desarrollo del árbol.

La lluvia media anual de los países mediterráneos es de 400 a 500 mm, equivalentes a 4.000 o 5.000 m^3 por hectárea, por lo que para completar las necesidades del olivo bastará la aportación por el riego de 2.500 a 3.000 m^3 anuales, que se aplicarán durante el verano. Con estas cantidades de agua sólo se cubre las necesidades mínimas del olivo, sin que pueda considerarse como cultivo de regadío. La cantidad mínima a aplicar consiste en tres o cuatro riegos de 800 m^3 por hectárea de forma periódica, pero procurando que uno de los riegos se realice antes de la floración, al que puede seguir un abonado nitrogenado, otro al empezar a endurecerse la aceituna y otro durante el crecimiento del fruto.

En caso de hacerse el cultivo de regadío, que corresponde a una pluviosidad anual de 900 a 1.000 mm, el déficit de agua en la zonas mediterráneas será de 4.000 a 6.000 m^3 por hectárea, que deberán distribuirse cada quince días durante los meses de mayo, junio, julio, agosto y septiembre a razón de 400-600 m^3 por hectárea cada vez.

Como idea general comparativa entre los cultivos de secano y los de regadío pueden darse los siguientes datos: el peso del fruto aumentará entre un 15 y un 30 %, según sea la variedad; la producción de aceitunas, un 50 %; y la de aceite, entre un 40 y un 50 %.

El riego del olivar es muy interesante para el cultivo de las aceitunas de almazara por la mayor producción de aceite, pero todavía lo es más en la producción de aceituna de mesa por su mayor tamaño y mejor aspecto.

A pesar de la gran extensión que ocupa el olivar en los países mediterráneos, sólo una pequeña parte es de regadío; en España sólo ocupa el 5 % de la superficie cultivada, principalmente en el valle del Guadalquivir, sobre todo en los cultivos de aceituna de verdeo, y en las zonas donde se completa la pluviosidad de 570 mm anuales con riegos que representan 250 mm más de lluvia, es decir, 2.500 m^3 por hectárea.

Los sistemas de riego empleados en el cultivo del olivar son los mismos que los empleados en cualquier cultivo arbóreo.

RIEGO

En las zonas de pluviosidad reducida cada vez son más numerosos los olivares de regadío, pues los riegos de verano son imprescindibles

Sistema de cubetas

Es el sistema de riego empleado en los campos que tienen árboles jóvenes que están en vías de crecimiento. Para ponerlo en práctica, el terreno debe estar poco inclinado (de 0,8 a 3 ‰). Este sistema está muy indicado en plantaciones en las que se siguen las curvas de nivel.

En el momento del riego las cubetas se llenan rápidamente utilizando un caudal importante; el agua acumulada se infiltra en el suelo durante un cierto tiempo. Las cubetas se construyen sencillamente levantando pequeños taludes de tierra que rodean al árbol. En este sistema, si bien se necesita una gran cantidad de agua para poderla repartir bien, sus pérdidas son mínimas.

Sistema de tablas o bancales

Son grandes espacios rectangulares que comprenden una fila de árboles. Tienen una anchura de 5 a 10 m y una longitud de 50 a 100 m. El ancho debe ser

GUÍA COMPLETA DEL CULTIVO DEL OLIVO

El sistema de cubetas permite un aprovechamiento casi total del agua disponible para el riego

rigurosamente horizontal o debe seguir las curvas del terreno; el largo debe tener una inclinación del 2,5 al 8 ‰.

Para el riego, el agua se vierte sobre el extremo de un bancal dejándola escurrir en forma de manta hasta que llegue al extremo opuesto, entonces el agua pasa al bancal contiguo.

Con este sistema de riego se precisa un buen caudal de agua rigurosamente administrado para que se empape uniformemente todo el suelo, pero con poca inclinación para evitar la erosión. El empleo de mano de obra es menor que en el anterior sistema de cubetas.

El riego en bancales puede aplicarse a cualquier tipo de tierra, si bien deben desecharse las arcillosas por su poca capacidad de absorción. En tal caso circula mucha agua por el bancal sin penetrar en el suelo. Para efectuar bien el riego se precisa un caudal abundante de agua y un terreno poco accidentado y cuidadosamente nivelado.

Sistema de surcos o regatos

El agua se hace discurrir por los regatos paralelos a ambos lados de la línea de árboles, justo junto a la zona de goteo. Los surcos o regatos se hacen con el arado, con un ancho de 30 a 40 cm y se les hace seguir la línea de máxima pendiente, que debe tener una inclinación del orden del 2 al 4 ‰.

Este sistema evita tener que realizar las costosas nivelaciones del terreno, pues basta una ligera inclinación para que el agua transcurra lentamente mientras se va infiltrando por su pared lateral al suelo junto a las raíces. Con este sistema de riego sólo entre el 5 y el 10 % de agua no es utilizado por el árbol, el resto, es decir, el 90 o 95% es captado por las raíces.

Los surcos pueden tener hasta 50 m de longitud en los suelos sueltos y hasta 150 m en los compactos. Este sistema permite el empleo de caudales reducidos del orden de 2 a 7 m^3 por hora que, por otra parte, deben ajustarse bien al surco para que este quede completamente lleno.

Riego por aspersión

En este sistema se proyecta el agua sobre el suelo en forma de lluvia por medio de unos aspersores especiales. De este modo, se ahorran las labores de nivelación, innecesarias, y puede emplearse en terrenos de superficie irregular o de fuerte pendiente. También se consigue un mejor aprovechamiento de agua y supone un gran ahorro de mano de obra.

Sin embargo, los gastos de instalación son elevados y tiene el inconveniente de mojar las hojas de los árboles, con la consiguiente eliminación de los productos empleados en los tratamientos de las enfermedades.

Actualmente, este sistema ha sido sustituido por el riego localizado que a continuación describiremos, que supone un menor coste de instalación y un mayor ahorro de agua, y que por infiltrarse directamente al suelo no produce el lavado de las hojas que elimina las sustancias de tratamiento.

Riego localizado

Por este sistema pueden distribuirse el agua y los fertilizantes disueltos en ella directamente al suelo, por numerosos puntos de emisión dispuestos en contacto con el suelo.

La instalación de un sistema de riego localizado requiere los siguientes elementos: una base de riego, que consta de un depósito de agua y de una bomba inyectora del agua que mantenga una pequeña presión para permitir su circulación, y una red de distribución, formada por tubos de transporte y portadores de los elementos de riego (goteros o emisores).

Las tuberías de transporte son de diámetro variable según el caudal del agua que deba circular por ellas; se fabrican en hierro, cloruro de polivinilo y fibrocemento, y deben estar adecuadas a la presión que deban resistir.

Las tuberías portaemisoras son de polietileno de 20 a 22 mm de diámetro y llevan distribuidos a lo largo de ellas los goteros, pequeños aparatitos que dejan salir el agua gota a gota, de aquí el nombre especial que recibe este sistema de riego por goteros. Los emisores, también colocados a lo largo del tubo de polivinilo, son tubos de pequeño diámetro que dejan salir un pequeño chorro de agua.

El agua salida por goteo o de los emisores no humedece más que la parte útil del suelo explorada por las raíces, con lo que se evitan las pérdidas de agua por transporte por acequias y surcos, así como en el mismo suelo, ya que no moja toda su superficie.

La instalación de las tuberías portaemisoras en el olivar se realiza colocando uno de estos tubos a lo largo de las filas de olivos con dos emisores por árbol, uno a cada lado; de este modo recibe el agua por dos puntos. Si los olivos son muy recios, es mejor colocar dos tubos portaemisores, uno a cada lado de la fila; en este caso cada tubo aportará dos emisores y el árbol recibirá el agua por cuatro sitios diferentes.

El riego por goteo tiene el inconveniente de que si el agua no está muy bien filtrada, los conductos se obstruyen fácilmente; este problema raras veces se presenta en el riego por chorrillo y además, de presentarse, el cambio del tubo emisor es mucho más fácil de realizar que el del gotero. El consumo de agua en el riego por chorrillo es el doble que el sistema por goteo.

El sistema de riego por goteo supone un gran ahorro de agua; así tenemos que para el riego de una hectárea de olivar con 280 olivos al marco de 6 x 6 m, se precisan 1.700 m de tubo portagoteros, con un consumo de agua para toda la hectárea de 7.000 l por hora, frente a los más de 50.000 que se emplearían con los métodos tradicionales de escorrentía.

El agua empleada en el riego debe estar exenta de cloruros ya que, si bien el olivo admite agua con una concentración de hasta el 2 % de cloruros, no se debe admitir este límite si no es con ciertas precauciones. Debe tenerse en cuenta que al perderse el agua por absorción de la planta o por evaporación, la sal sólida queda depositada en el suelo seco; al volver a regar se incorporará más sal, con el consiguiente peligro de alcanzar una concentración superior a la tolerada por el olivo.

Si se quiere eliminar la sal por medio de frecuentes riegos, deberá disolverse con el agua y arrastrarse al fondo del suelo fuera del alcance de las raíces. Sin embargo, es preciso tener en cuenta que al mismo tiempo se habrán disuelto y eliminado los fertilizantes presentes en el suelo.

PODA

La poda del olivo, como la de cualquier árbol frutal, debe seguir un esquema previo. Lo primordial es la formación del árbol desde la plantación hasta que alcanza su forma definitiva de producción. En el caso del olivo puede seguirse el sistema clásico de los árboles copudos con tronco elevado o bien un modelo arbustivo más moderno que permite una entrada en producción mucho más rápida.

Una vez que el árbol está formado, nos encontramos ante la poda de conservación o de fructificación en la que se persigue la mayor producción regular posible. Para ello se provoca la formación de brotes de ramas productoras de fruto y se eliminan las que ya han producido, se han secado o alteran el desarrollo armónico del árbol. En el olivo es indispensable una correcta y cuidadosa poda de fructificación si se quiere corregir su tendencia a la *vecería*, o producción alterna de la cosecha normal con otra más escasa, o incluso nula. A pesar de que durante muchos años se ha creído que no existía ninguna solución para este fenómeno, hoy suelen ponerse en práctica soluciones que están dando buenos resultados.

Finalmente está la poda de rejuvenecimiento, que consiste en eliminar las viejas ramas ya caducas en favor de otras más jóvenes y productivas. Esta operación es más complicada, ya que representa la formación de un nuevo árbol, sobre todo en el caso de fuertes heladas que son causa de la destrucción de parte o de la totalidad del ramaje.

Poda de formación clásica

Este sistema de poda se propone dar forma al árbol desde el principio siguiendo diversos esquemas, el más común de los cuales es el de tronco único y copa frondosa.

La forma natural que adquiere el olivo, cualquiera que haya sido el sistema de plantación, es la arbustiva, por lo que deberán suprimirse poco a poco todas

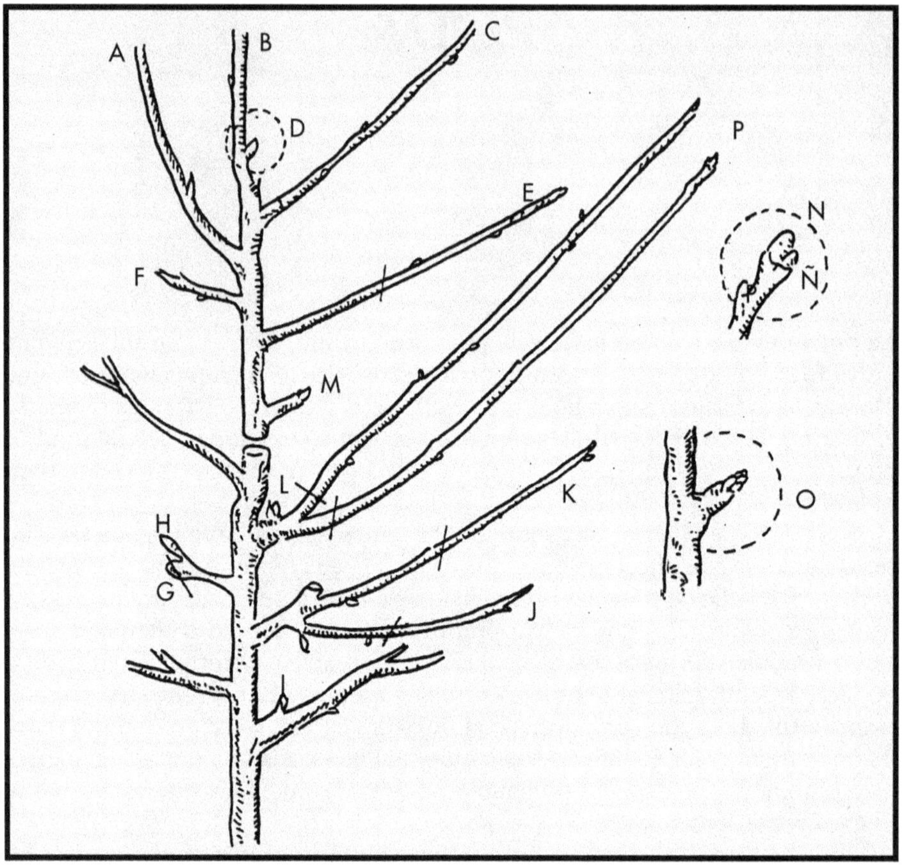

GUÍA COMPLETA DEL CULTIVO DEL OLIVO

Partes de una rama y fases de formación: a) rama de madera; b) rama de madera; c) rama de madera; d) dardo; e) brindilla; f) dardo de corteza alisada; g) bolsa; h) lamburda; i) dardo; j) brindilla; k) brindilla; l) dardo; m) dardo de 2 años; n) yema floral; ñ) yema de madera; o) dardo; p) yema floral

las ramificaciones de la base, de manera que quede una sola, la destinada a formar el tronco hasta que alcance la altura deseada, procurando que se formen las primeras ramificaciones o ramas principales, de las que se procurará que continúe la formación de las ramas secundarias y del fruto, llegando a obtenerse una copa armónicamente construida.

Al principio de la plantación habrá que obtener una mata densa, robusta, en la que se formen un buen aparato radical y una copa que cada vez sea más frondosa. Cuando varias ramas robustas impidan un buen desarrollo —lo cual

PODA

suele ocurrir entre el segundo y el cuarto año—, es el momento de empezar la poda. En los dos primeros años esta debe limitarse a la eliminación de alguna rama anormal; a partir del tercer o cuarto año se empieza con la formación regular del árbol, cortando las ramas que se consideran inútiles porque están en competencia con las que se destinan a la formación del tronco del árbol, procurando eliminar parte de las ramas laterales.

Al realizar estas primeras podas debe evitarse el desequilibrio entre las hojas y la raíz ya que, al hacer una poda demasiado enérgica y quedar la planta desequilibrada, el crecimiento sería más lento; en el primer año hay que practicar podas cortas, que deberán ser más enérgicas a medida que se vayan desarrollando las ramas que formarán la copa en años sucesivos y tengan más follaje. No obstante, el tronco debe estar completamente limpio por debajo de la inserción de las ramas principales.

A continuación se empezará a conducir el ramaje hacia la formación de un tronco de 0,80 a 1 m de altura con ramificaciones que originarán la copa, la cual estará formada por tres o cuatro ramas principales que al ramificarse presentan de seis a dieciséis ramas portadoras de los brotes fructíferos. El número de ramificaciones que deberá tener el árbol dependerá de la fertilidad del suelo y especialmente de la cantidad de agua de que dispondrá el árbol en su desarrollo.

En la primera poda no deberá tocarse el pie principal que forma el tronco. En las posteriores, a medida que vayan eliminándose los pies secundarios se procederá a la poda del principal, teniendo en cuenta que al final deberemos tener un tronco de 0,80 a 1,20 m de altura, donde estará inserta la cruz o ramas principales.

Cada año se eliminarán una o dos ramas o bifurcaciones bajas, suprimiendo las más fuertes y gruesas, ya que tienden a formar la cruz demasiado baja. Las débiles, en cambio, favorecen el crecimiento y el engrosamiento del tronco principal. En los años sucesivos debe podarse el árbol para mantener su forma definitiva, eliminando todas las ramas y pies que vayan apareciendo. Asimismo, se cuidará de la correcta formación y desarrollo de las ramas principales, que deberán estar insertas a distinta altura del tronco y nunca en el mismo punto. De estas ramas se deberán eliminar, gradualmente, los brotes dirigidos al centro del árbol para ensanchar la copa. También deberá eliminarse la rama principal si alcanza mayor desarrollo que las laterales, ya que provocaría el crecimiento del árbol en altura y causaría su debilitamiento.

Por otra parte, en la poda de formación deben tenerse en cuenta dos principios fundamentales: el primero indica que una planta con excesivo desarrollo vegetativo provoca una fructificación escasa, por lo que se debe procurar una vegetación media o equilibrada en la que se unan las ventajas de una buena fructificación con el buen desarrollo y vida del árbol. El segundo principio indica que todas las hojas deben estar bajo el sol para que puedan desarrollar

GUÍA COMPLETA DEL CULTIVO DEL OLIVO

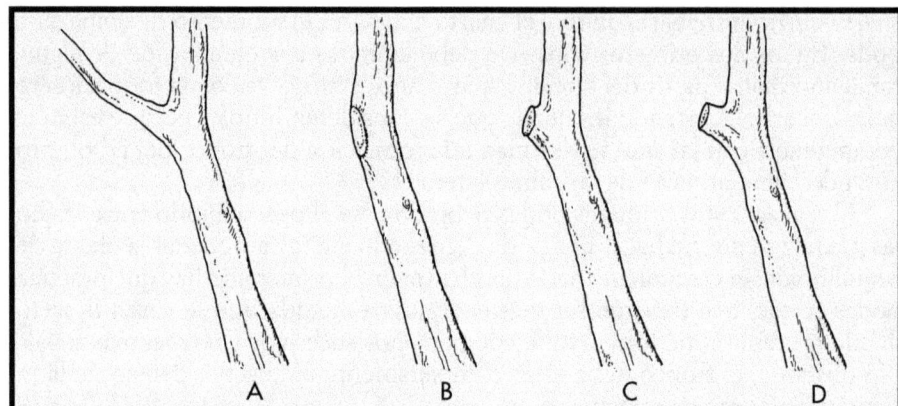

Formas de realizar una poda de aclareo: a) rama antes del corte; b) corte demasiado cercano a la rama madre (pone en peligro la vitalidad de esta); c) corte correcto; d) corte erróneo, ya que el tocón acabará pudriéndose al no poder llegar la savia hasta el final

bien la función clorofílica. Sin embargo, la corteza de las ramas gruesas y el tronco deben estar a la sombra para evitar que se resequen los tejidos y fomentar que la savia circule bien en todas las direcciones para que el ramaje quede bien equilibrado.

Los principales errores que pueden cometerse al efectuar la poda de formación son:

— podas demasiado severas que retrasan la fructificación;
— formación demasiado rápida del árbol, que produce un tronco endeble y ramas principales desnutridas;
— dejar demasiadas ramas principales, mucho menos sólidas y que impiden la aireación;
— propiciar una forma alta que dificulte los tratamientos y la cosecha;
— permitir que las ramas principales salgan del mismo punto, lo cual perjudica la solidez de la juntura.

Dentro de la formación de árboles con un solo tronco existen distintas formas, siendo las más corrientes el *vaso* y el *candelabro*.

La primera es la forma clásica, cuya realización ya hemos descrito. La forma de candelabro, también llamada de *vaso policónico*, se refiere a un árbol de un tronco de 1 a 1,20 m de altura, provisto de tres o cuatro ramas, que al principio tienen una inclinación de 40 a 50° para llegar gradualmente a ser verticales.

PODA

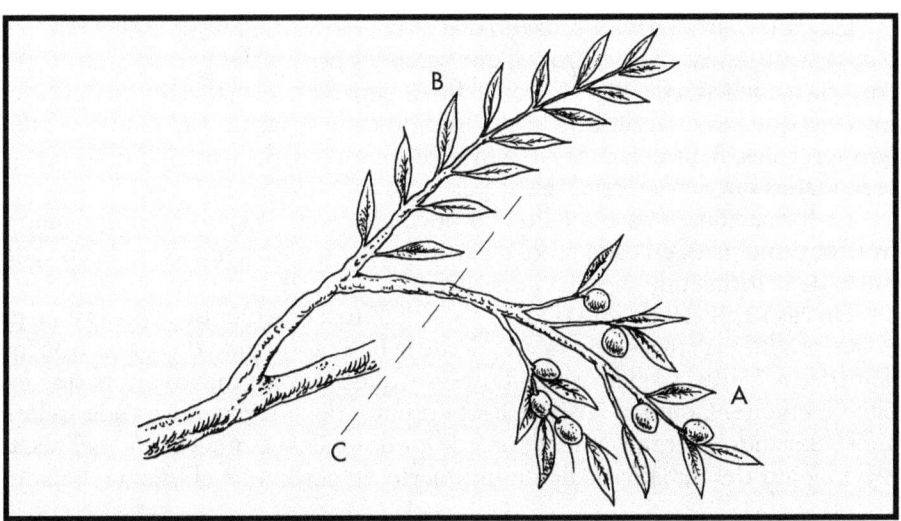

Poda de producción reemplazante: a) rama fructífera que debe eliminarse; b) brote reemplazante; c) lugar del corte

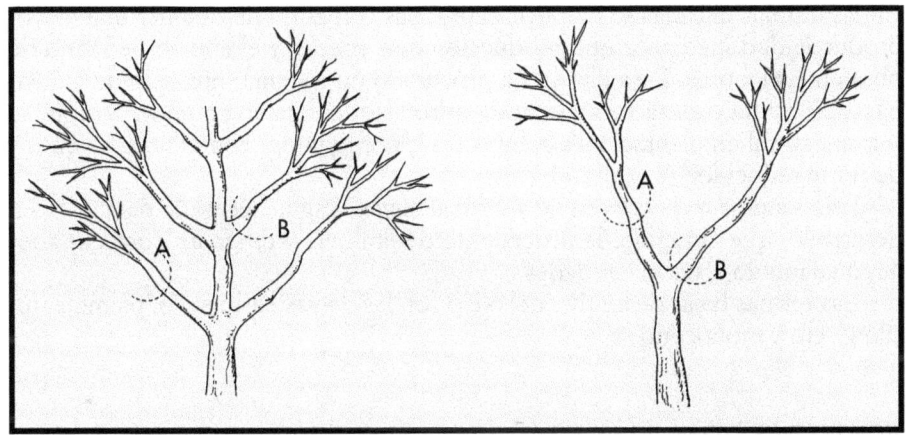

Cortes de rebaje (a) y aclareo (b) que deben realizarse en la poda del olivo

Al alcanzar su altura definitiva dejan las ramas principales cubiertas de ramas secundarias que deberán ser más cortas y espaciadas.

Para obtener esta forma debe dejarse crecer el olivo libremente desde que tiene dos o tres años, sin otra intervención que la de eliminar algunas anomalías exageradas.

Cuando el árbol haya alcanzado una altura de 1 a 1,20 m, se escogerán tres o cuatro ramas, las más vigorosas, que serán las principales y se dejarán crecer con una inclinación de 40 a 45° con el fin de separar y formar el hueco del vaso. Una vez que hayan alcanzado la longitud deseada se las forzará para que queden verticales. Al alcanzar los 4 o 5 m se despuntarán, de manera que las ramas secundarias queden sobre las principales y la copa forme un cono.

La formación en vaso a tallo alto puede hacerse dejando de dos a cuatro troncos principales en cada árbol a partir del suelo y haciendo la poda en cada brazo de la forma que ya se ha indicado.

Un caso especial de este tipo de poda, habitual en el sur de la península, es el que produce un tronco bifurcado desde la base, formando dos o tres troncos llamados *palancas*, no demasiado gruesos y que alcanzan menos altura que un olivo corriente. Como el árbol se agota pronto, debe regenerarse cada treinta años rebajando alternativamente una de las dos palancas y acelerando el restablecimiento del ramaje mediante un injerto de corona en el brazo rebajado.

Cultivo del olivo en formas bajas

En las últimas décadas se han hecho pruebas con el fin de obtener una mayor productividad mediante una producción más precoz y el ahorro de mano de obra en las labores. Para ello se ha procurado un sistema intensivo de cultivo basado en una pronta formación de árboles que conservan en lo posible su forma natural en plantaciones compactas y, por lo tanto, con árboles jóvenes y de porte reducido.

Este sistema requiere que se aporte al olivar el agua necesaria para su buen desarrollo, que complete la procedente de la lluvia y tenga un correcto abonado adaptado a sus necesidades.

Las formas bajas de cultivo del olivo son las de vaso arbustivo, palmeta, ípsilon, seto y monocono.

Vaso arbustivo

Se trata de una copa baja, que facilita la recolección manual de las aceitunas.

La planta del vivero, en su forma natural, se trasplanta en el segundo o tercer año a su lugar definitivo asegurándola al suelo con un tutor.

Se la deja crecer libremente durante dos años, se reduce a 60 o 70 cm y se dejan desarrollar seis o siete ramas, las mejores y más resistentes. En los años sucesivos se eliminan gradualmente las ramas más débiles hasta que queden

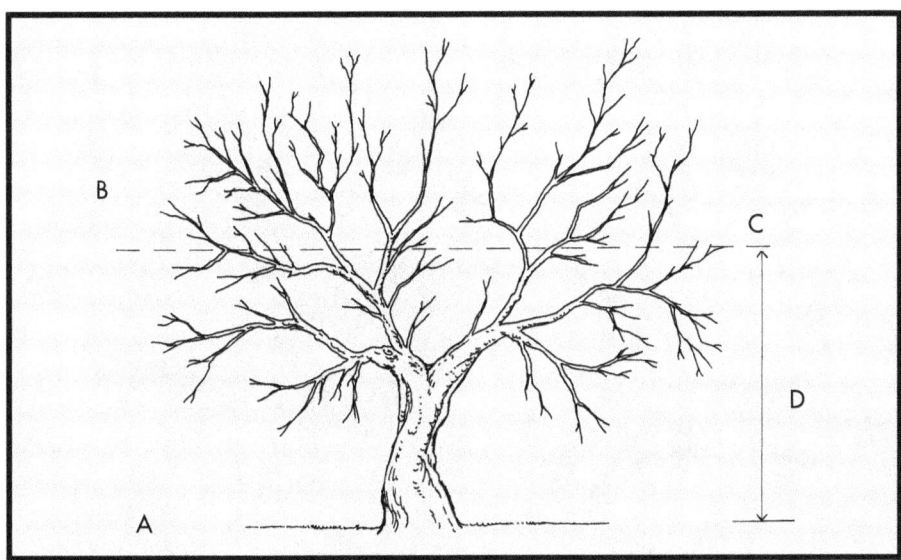

Olivo en forma de vaso: a) ramas colgantes, muy productoras; b) ramas verticales, menos productoras; c) altura hasta la que se puede realizar la recolección sin necesidad de escaleras; d) 2 m

sólo tres o cuatro por árbol. Estas ramas principales se limpiarán de las ramificaciones secundarias que presenten en su base y en su extremo, se les dará una cierta inclinación hacia la base y se cuidará de que estén provistas de numerosos brotes fructíferos.

También se puede obtener esta misma forma empleando para cada arbusto tres pies de planta separados entre sí 1 m y formando un triángulo equilátero. Los arbustos deben colocarse formando filas, de manera que los pies estén alineados paralelamente y queden dos exteriores y otro central. La distancia entre los arbustos debe ser de 6 a 7 m, ya que esta separación permite una buena iluminación de las hojas. Las plantas empezarán a fructificar al tercer año. Este sistema es útil si existen las condiciones ambientales y de cultivo que precisa el olivo.

Palmeta

Es la aplicación al olivo de los sistemas empleados en los árboles frutales de formación en un plano vertical para que tengan una buena iluminación y puedan hacer más fáciles y asequibles las labores de cultivo.

GUÍA COMPLETA DEL CULTIVO DEL OLIVO

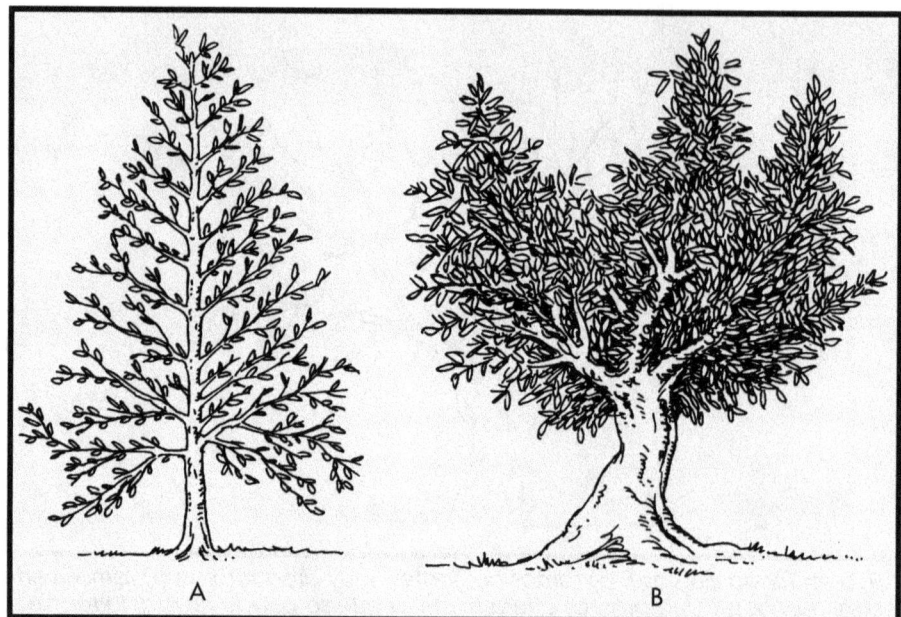

Diversas formas de poda: a) *olivo en forma de vaso monocónico;* b) *olivo en forma de candelabro*

La palmeta está formada por un eje principal del que parten dos o tres pares de ramas laterales, inclinadas 40° aproximadamente con respecto a dicho eje, y cuyos extremos se entrecruzan con las ramas de las plantas vecinas formando un plano continuo. En las ramas laterales están los frutos.

La formación empieza en el vivero. Ya durante el primer año de la plantación se extirpan las ramas laterales más cercanas a la base y luego alternativamente las que se encuentran a lo largo del tronco.

Cuando el eje central se ha desarrollado lo suficiente se desmocha a 70-100 cm de altura y se dejan a 20 cm del suelo dos ramas laterales que constituirán el primer piso de la palmeta. Se dejarán suficientes ramas laterales como para que no se rompa el equilibrio entre las hojas y la raíz y se desarrollen ramas suficientemente robustas.

Al tercer año de estar en el vivero se realiza el trasplante al lugar definitivo. Previamente se habrá colocado la espaldera que sostendrá la palmeta, que deberá tener una altura de 3 o 4 m, en la que se colocarán a diferente altura tres filas de alambres sostenidos por los correspondientes mástiles, que servirán de sujeción a los tres pisos de ramas que se formarán. La plantación se

realizará dejando una distancia de 4 a 4,5 m entre las filas y otra de 3 a 3,5 m en las filas.

A medida que se desarrolla el árbol se dejarán otros dos pisos, de manera que la palmeta estará formada por tres pisos de ramas equidistantes con una inclinación entre sí de 45° respecto al eje principal, procurando que la ramas sean las mejor desarrolladas, las cuales deberán curvarse lo suficiente hasta que puedan ser atadas a los alambres. Estas ramas son las productoras de fruto.

Ípsilon

Se trata de una forma derivada de la palmeta que posee las mismas ventajas aunque su formación es menos complicada. Las distancias de plantación son las mismas. La planta consiste en un eje central y sólo dos ramas laterales que se dejarán a 40 o 50 cm del suelo.

La planta empieza a formarse en el vivero. Habrá que despuntarla a 60 o 70 cm de altura y dejando las dos ramas laterales, a las que se les dará una inclinación de 45°; las demás que puedan aparecer a lo largo del eje principal deberán aclararse y despuntarse, procurando que disminuyan paulatinamente de tamaño hasta el ápice. En el tercer año de plantación se realiza el trasplante y a partir del cuarto el olivo ya empezará a producir fruto.

Las formas en palmeta y en ípsilon permiten presentar la vegetación en un plano vertical y en el sentido de las filas, lo que supone una gran ventaja para la iluminación de la planta, el cultivo y la recolección.

Setos

Están formados por olivos de un solo tallo que se dejan crecer libremente y con una distancia de 2,5 a 4 m entre cada árbol y de 5 m entre filas.

Las plantas adoptan el aspecto arbustivo propio de los olivos en los que no se realizan podas. Entre el cuarto y quinto año las ramas de los árboles contiguos empiezan a ponerse en contacto. La producción se inicia el tercer año, y a partir del cuarto, siempre que no escasee el agua, se obtienen producciones numerosas y de excelente calidad.

Al tratarse de un sistema de formación en el que no se realizan podas, con el tiempo se forman en el interior de la copa ramas improductivas, lo que obliga de vez en cuando a realizar un aclareo. Para la formación de setos se emplean variedades vigorosas y de crecimiento rápido, siendo el seto, además de buen productor, un excelente cortavientos. Sin embargo, el coste de plantación es elevado.

Monocono

Esta forma de cultivo consiste en un solo tronco central al que no se limita su crecimiento para que forme numerosas ramas laterales productoras, sin diferenciación alguna.

La formación del árbol empieza en el vivero y consiste en dejar crecer libremente el eje principal procurando que no sea despuntado. El trasplante se realizará en el tercer año. Una vez realizado el trasplante se podarán las ramas laterales para facilitar la recolección mecánica.

Cuando el árbol alcance entre 5 y 8 m de altura se despuntará para evitar que continúe su crecimiento; el despuntado se repetirá cada dos o tres años.

La distancia de plantación en las filas es de unos 5 m, aunque puede acortarse para acelerar la producción y eliminar árboles a medida que vayan alcanzando las distancias indicadas. En líneas generales, esta forma de plantación es una variante del citado vaso policónico. Se trata de una forma muy sencilla y de muy rápida fructificación a partir del segundo año de plantación.

Poda de fructificación

La buena fructificación del olivo se basa en diversos factores como son: el equilibrio entre las hojas y las raíces, la aportación de agua y fertilizantes, la iluminación de la copa y, sobre todo, la poda dirigida a la formación de brotes productores.

La floración del olivo y la formación de frutos se presenta en las ramas de madera del año anterior, con la particularidad de que la ramita que ha fructificado una vez continuará haciéndolo en años sucesivos, si bien con menos intensidad, de tal forma que a los tres o cuatro años dejará de producir, se secará y morirá. Por esta razón, si deja de realizarse la poda en un olivar, encontraremos muchas ramas secas. En la poda de fructificación lo que se busca es la formación de brotes nuevos que a los dos años den fruto, por lo que se deben cortar los brotes que ya han producido para favorecer la aparición de nuevas ramificaciones productoras.

La poda debe hacerse anualmente para no tener que suprimir nunca o casi nunca ramas de madera demasiado gruesas. Con una intervención ligera con las tijeras de podar, actuaremos sobre las ramitas portadoras de fruto; de esta manera la producción anual se mantendrá constante y terminaremos prácticamente con la vecería, es decir, con la alternancia de años fértiles con otros estériles. Este sistema permitirá obtener cada año una producción regular que, aunque quizá sea inferior a la del buen año de producción, ofrecerá un resultado conjunto mucho más interesante que la vecería.

PODA

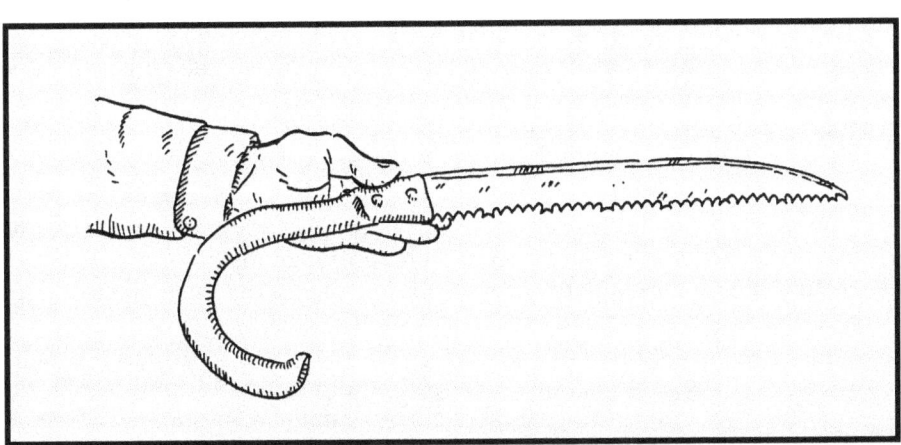
Sierra para cortar ramas o para desmochar tallos de dimensiones considerables

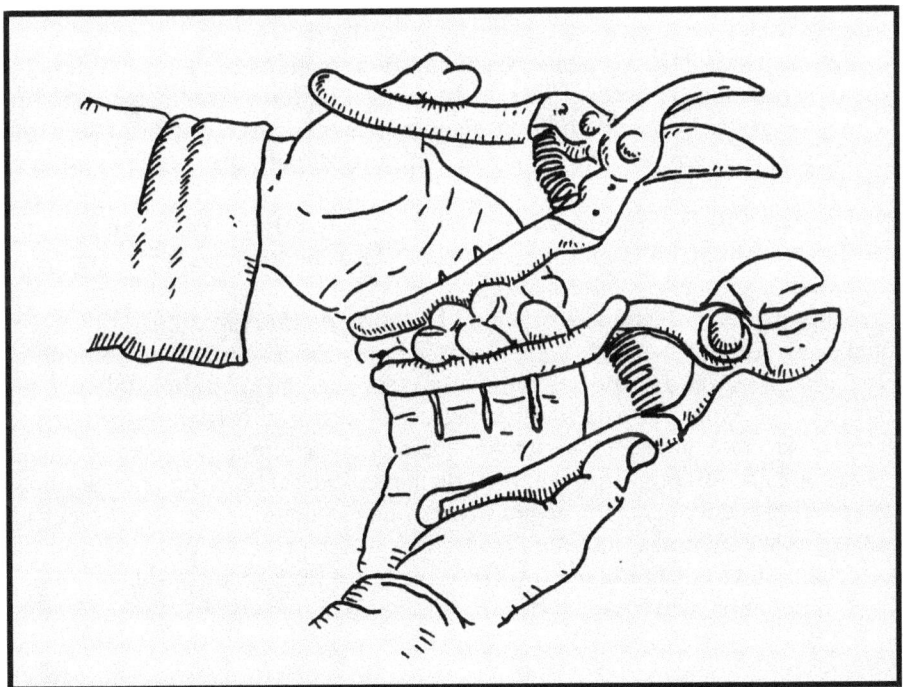
Tijeras de una hoja y de doble hoja. Es preferible utilizar siempre las últimas para no aplastar los tejidos de las plantas

La poda deberá hacerse con tijeras, dejando el empleo de serruchos y hachas para sólo muy contados casos, como son la eliminación de ramas muy viejas o muy secas, o las situadas en la parte superior de la copa que la hagan muy compacta, privando de luz el follaje.

Para una buena poda de fructificación se seguirán las siguientes pautas:

— renovación de los brotes fructíferos, es decir, el despuntado de los que ya han producido fruto, en función de su mayor longitud;
— eliminación de los chupones, dejando sólo aquellos que sean precisos para la formación de ramas que sustituyan a otras caducas;
— regulación de la altura del árbol, despuntando la ramas demasiado altas;
— aclareo de la copa si es demasiado compacta, procurando conservar las ramas altas para que el follaje tenga suficiente iluminación, sin descuidar que el tronco y las ramas principales estén protegidas de la acción directa del sol. En esta poda de aclareo deben eliminarse todas las ramitas muertas o rotas;
— eliminación de los chupones o renuevos que se forman en la base del tronco.

Los brotes fructíferos que se encuentran principalmente en las ramas colgantes se reconocen por tener más de 30 cm de longitud y estar desprovistos de hojas; se cortarán cerca de un nudo y la yema más cercana a este producirá una nueva ramita, el renuevo, que primero será vertical pero que se hará pendular al tener que sostener el peso de los frutos.

El aclareo de la copa deberá ser lo más discreto posible, procurando eliminar principalmente las ramas enfermas, las demasiado viejas o muertas y los chupones.

La poda debe efectuarse cada año. La teoría de que basta una poda ligera cada dos o tres años, con lo que se consigue un ahorro de mano de obra, no es cierta, ya que las podas anuales son siempre muy ligeras y el trabajo que se haya efectuado durante varios años siempre será inferior al esfuerzo que supone arreglar un árbol que se ha desarrollado espontáneamente.

La poda se prolonga desde el final de la recolección hasta un poco antes de que el árbol reanude su vida vegetativa, y se inicia siempre por los árboles menos vigorosos. Además, durante el verano deben suprimirse los chupones que se formen tanto en la base del tronco como en las ramas.

Los defectos o errores que deben evitarse en la poda de fructificación son:

— suprimir las ramas colgantes, ya que son las más productivas y las que deben subsistir hasta su agotamiento;
— no promover la formación de ramas fructíferas de renuevo;

PODA

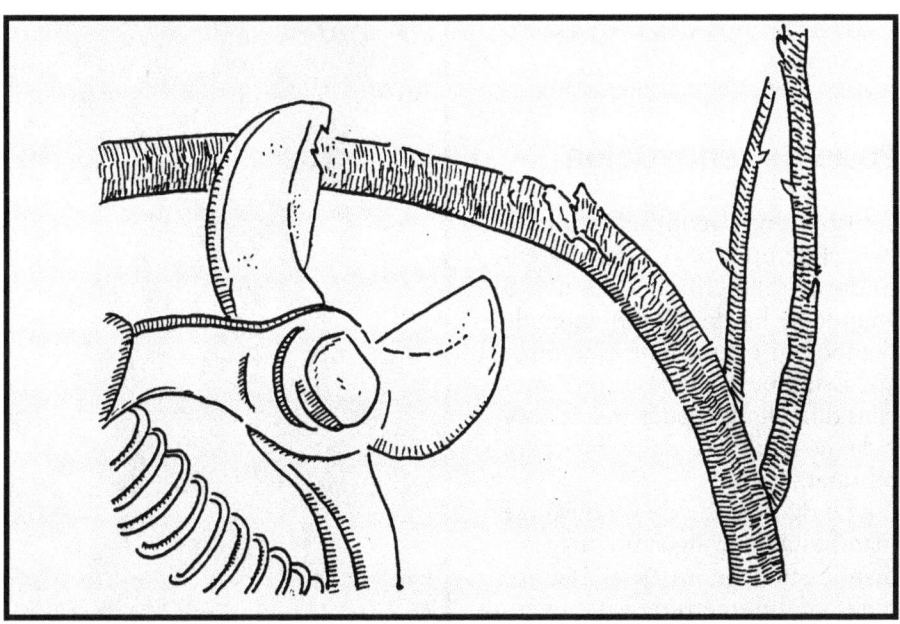
Operación de debilitamiento del chupón, que se realiza efectuando tres o cuatro cortes (o muescas) por debajo de yemas de madera situadas en la parte central de la rama

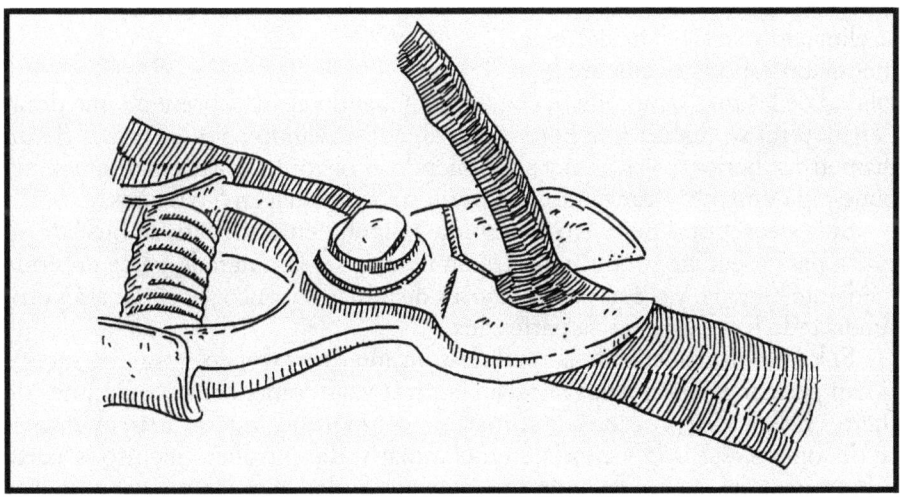
Posición correcta de las tijeras

GUÍA COMPLETA DEL CULTIVO DEL OLIVO

— dejar la copa vacía por exceso de poda.

Poda de renovación

Consiste en la renovación total o parcial de un árbol cuando ha entrado en el periodo de vejez o cuando se ha debilitado antes de tiempo por circunstancias anómalas. Esta operación no ofrece muchas dificultades, pues ya es conocida la facilidad del olivo para rebrotar.

La decadencia de un olivar se manifiesta de la siguiente manera: disminución de las cosechas, aumento del número de ramitas secas, follaje pequeño y color pálido. La deficiencia más fácil de corregir es cuando sólo unas ramas de la parte inferior del árbol han perdido su vitalidad; de esta manera se eliminan sólo las deficientes, aumentando espontáneamente la vitalidad de las más sanas que se conservan.

En verano es muy importante eliminar los chupones de la base del tronco y de las ramas

Cuando el árbol presenta una decadencia total se realiza una poda general, conservando sólo las ramas de un diámetro superior a 4 o 5 cm y suprimiendo el resto. La parte fructífera se repone rápidamente, alcanzándose la producción normal en 5 o 6 años.

Si la decrepitud del olivo es debida a alguna enfermedad, se buscará su causa para efectuar el adecuado tratamiento y se eliminará la parte enferma mediante la poda, y si son partes leñosas de ramas o tronco, se eliminarán profundizando hasta 2 cm en la parte sana.

Si los olivos han sufrido la total destrucción de su tronco, cosa que sucede si han permanecido muchos años sin cultivar y sin tratamientos, o después de fuertes heladas, se procede a la formación de un tronco nuevo. Esta operación se denomina *recepado* y consiste en eliminar todo el tronco, incluso la parte subterránea del cuello, dejando sólo algunos óvulos que darán lugar a nuevos tallos que permitirán que el olivo adopte un aspecto arbustivo.

REPRODUCCIÓN

El olivo puede reproducirse por semilla o multiplicarse vegetativamente de diversas formas: por injerto sobre pie franco, estaquillado semileñoso, estacas, zuecas, acodos, aporcados y bajo nebulación.

Multiplicación por injerto sobre pie franco

La reproducción por semilla debe desecharse ya que, dada la complicación genética de las variedades, sería imposible la obtención de un conjunto de árboles con las mismas características, aparte del largo periodo que necesitan estas plantaciones para superar la fase juvenil. Por lo tanto, los semilleros de olivo se utilizan exclusivamente para la producción de portainjerto franco a los que se puede injertar las variedades que se desea cultivar. Este sistema permite la producción de numerosos planteles de semilla con los que se puede obtener, por injerto, un conjunto homogéneo de origen clonal que puede ser muy numeroso, ya que sólo se precisan pequeños segmentos de rama. Se trata de una operación muy delicada ya que debe tenerse especial cuidado en el origen homogéneo de los injertos.

Los portainjertos pueden obtenerse de huesos de acebuche o de otras variedades cultivadas. Sin embargo, actualmente los primeros se han desechado casi por completo pues son poco resistentes al frío, y su corteza, muy delgada y con entrenudos muy cortos, hace difícil la inserción de la púa en el injerto de corona, que es el que se emplea con más frecuencia. Los huesos o semillas de olivo de tamaño grande, si bien responden mejor a las técnicas de injerto que los pequeños, tienen un escaso poder germinativo, por lo que no deben emplearse. En cambio, los pequeños tienen un poder germinativo más elevado y rápido, y aunque la corteza es más delgada que la de la plantita que produce, tiene el suficiente grosor para que pueda realizarse bien el injerto. Además, las plantitas procedentes de semillas pequeñas producen más raíces pivotantes y tienen una mayor capacidad de penetración en el suelo en busca de humedad.

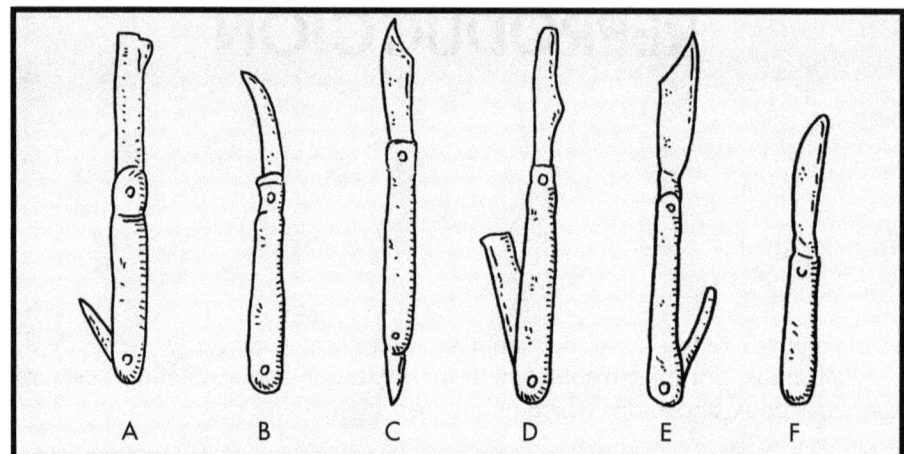

Tipos de cuchillos de injerto: a) para yema, doble hendidura inglesa y corona; b) para triángulo; c) para injertos herbáceos; d) y e) para yema; f) para mallorquina, placa y anillo

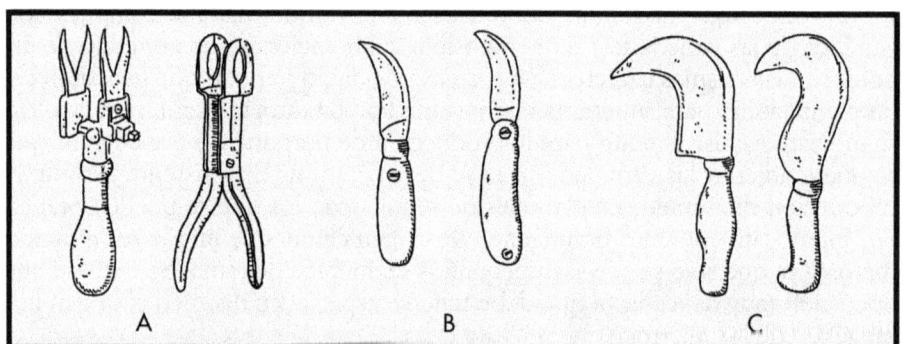

Diversas herramientas de injerto: a) cuchillo y tijeras para injerto de anillo; b) cuchillas para terminar los cortes; c) tipos de hoces

Tanto las plantaciones procedentes de huesos de acebuche como de huesos grandes presentan un aparato radical fasciculado y recogido, sin raíces pivotantes, lo cual no favorece el trasplante con cepellón.

La variedad más idónea para la obtención de portainjertos de semilla es la arbequina, de fruto pequeño y ovoide, que produce planteles muy homogéneos y con elevado poder germinativo (del 50 al 60 %).

La formación en vivero de una planta de olivo apta para ser trasplantada a pleno campo y empezar su cultivo precisa un periodo de cinco años.

REPRODUCCIÓN

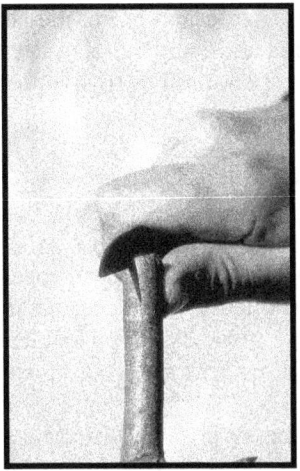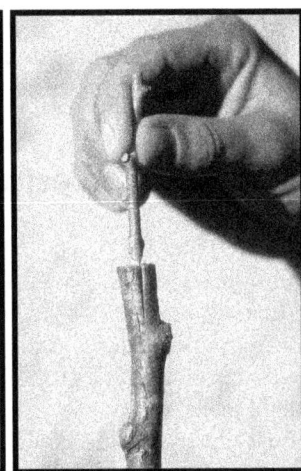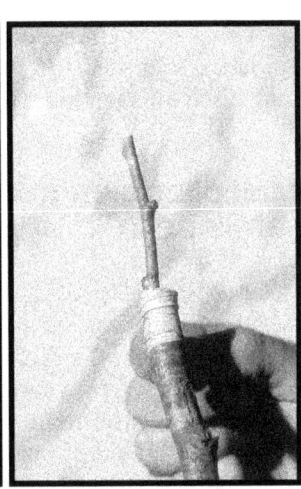

Proceso de un injerto

El injerto que debe realizarse es el llamado *de corona*, y se hace de la forma que describimos a continuación.

Entre finales de marzo y primeros de mayo, que es cuando la corteza es fácilmente separable, se decapita el patrón a unos 5 cm del suelo y se hace una hendidura vertical separando la corteza de un solo lado.

El injerto en púa se obtiene de la parte media de ramitas de vigor medio y de un año de formación. Se corta con un solo bisel, levantando ligeramente a lo largo de este una sola parte. A continuación, se despunta el tronco del injerto por encima del bisel, dejando un solo nudo con hojas que, a su vez, se recortan hasta la mitad.

Se levanta la hendidura del patrón por un lado y se introduce la púa del injerto, procurando que penetre la punta unos milímetros por debajo de donde termina el corte y procurando que la parte que ha sido cortada longitudinalmente esté en contacto con la parte de la corteza que no se ha levantado.

Finalmente, se ata el injerto con rafia y se cubren los cortes, tanto de injerto como de patrón, con la amalgama. Después, se deja que se desarrollen las plantitas injertadas aplicándoles los cuidados adecuados hasta la primavera del año siguiente. Cuando hayan alcanzado una altura de 50 a 100 cm, se trasladarán al vivero y se plantarán en filas, a 1 m de distancia cada una, procurando que entre las plantitas medien 40 cm. Si se prefiere, pueden utilizarse macetas o bolsas de plástico de 20 x 12 x 20 cm.

Mientras están en el vivero (unos dos años) se hará la poda de formación. Cuando los arbolitos tengan 1,5 m de altura se pasarán a su lugar definitivo.

Las plantas cuidadas en vivero tienen una raíz pivotante más larga que las cuidadas en maceta; en cambio, las procedentes de macetas, al tener las raíces más fasciculadas y numerosas, conservan mejor el cepellón en el trasplante.

Multiplicación por el sistema de estaquillado semileñoso

Los métodos clásicos de multiplicación del olivo por medio de estacas procedentes de ramas leñosas de cinco o seis años —de las que muchas veces no se podían obtener las suficientes para proceder a grandes plantaciones— han llevado a emplear, siguiendo una técnica muy compleja, estacas semileñosas de un año o dos procedentes de la poda.

Estas estaquillas semileñosas, provistas de hojas, pasan por una fase crítica en el momento de su arraigo, debido a que la presencia de hojas determina, en un ambiente normal, una transpiración abundante, con la consiguiente pérdida de agua, que la estaquilla no puede recuperar por falta de raíces, por lo que, en consecuencia, la planta se habrá secado antes de que estas se hayan formado.

Para evitar la transpiración de las hojas es indispensable que estén cubiertas de una película de agua que disminuya su temperatura y evite la transpiración, lo cual permite mantener las hojas, y por tanto su proceso nutritivo, hasta la formación de las raíces. Para conseguir esta atmósfera acuosa alrededor de las estaquillas es preciso regarlas con un chorro de finísimas gotas de agua.

Este sistema presenta la ventaja de obtener una cantidad de olivos de una misma variedad o forma clonal. Sin embargo, a pesar de la abundancia de estaquillas que se consiguen, la rapidez de obtención de plantas y la ausencia de injertos, presenta el inconveniente de exigir el empleo de invernaderos o cajoneras cerradas y de una instalación de nebulizadores de agua cuyo manejo requiere una cierta preparación y especialización del personal.

El periodo más adecuado para coger las estaquillas, que coincide con la poda, debe efectuarse desde mediados de febrero a primeros de abril. Lo más indicado es que las estaquillas procedan de ramas de un año, aunque no todas las variedades de olivo presentan la misma facilidad de arraigo. En el caso de las variedades españolas, los porcentajes son los siguientes: arbequina, 80 %; carrasqueña, 69 %; cornezuelo, 35 %; gordal, 67 %; hojiblanca, 83 %; manzanilla, 98 %; negral, 79 %; picual, 7 %; sevillana, 85 %, y verdial de Jaén, 97 %.

Las estaquillas se forman a partir de ramas, de las que se pueden obtener dos o tres estaquillas de entre 14 y 18 cm de longitud con dos o tres nudos con hojas cada uno, a excepción de las de mayor arraigo, que son las más cercanas a la base.

REPRODUCCIÓN

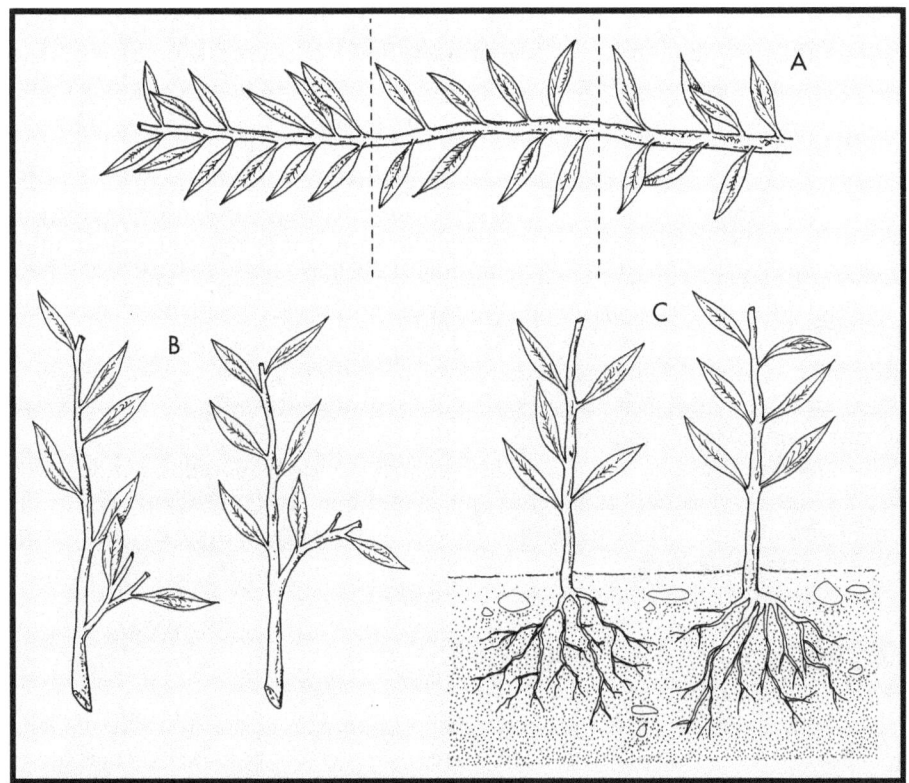

Estaquillas semileñosas: a) preparación de tres estaquillas a partir de una ramita; b) estaquillas dispuestas para la plantación; c) estaquillas arraigadas

Para facilitar el arraigo de las estaquillas, se deben sumergir durante cinco segundos en una solución hidroalcohólica al 50 % de ácido indolbutírico, con una concentración de 3 ml por litro.

El medio donde deben plantarse ha de estar constituido por elementos naturales como turba, arena, musgo o grava fina, o artificiales como perlita o vermiculita. La mezcla de vermiculita y turba es un buen sustrato, pues tiene un pH neutro, posee buena porosidad para mantener la circulación y conservación de la cantidad justa de agua y favorece la formación de largas y numerosas raíces.

En este sustrato, colocado en bancales o en cajas de unos 10 cm de altura, se plantarán las estaquillas con una densidad de 500 a 600 por metro cuadrado y a una profundidad de 5 cm. Estas plantaciones deben mantenerse constantemente en una atmósfera de agua nebulizada, y el sustrato debe estar a una temperatura entre 20 y 25 °C. Para conseguir estas condiciones ambientales se precisa de una cámara de nebulización provista de un aparato calefactor, regulado por termostatos que mantengan constante la temperatura del sustrato, y de un inyector de agua en forma de neblina muy fina y con 4 o 5 kg de presión.

El periodo de enraizamiento tiene una duración de unos dos meses, hasta obtener un buen sistema radical que permita el trasplante con seguridad de éxito.

Una vez enraizadas las estacas llega la fase de endurecimiento, que consiste en el trasplante de las plantitas a macetas de entre 7 y 9 cm de diámetro, utilizando como medio de cultivo la tierra corriente de los viveros. Estas macetitas se mantendrán en una cámara de endurecimiento donde las plantitas recibirán sesiones de nebulización de agua, cada vez más espaciadas para que puedan adaptarse al medio ambiente. Finalmente, se pasarán al vivero normal, donde continuarán su desarrollo hasta que alcancen una altura de 1,5 m y puedan plantarse en el lugar definitivo.

Estos dos sistemas, el de semilla e injerto y el de estaquillas semileñosas, son los más empleados actualmente para la multiplicación del olivo, ya que permiten obtener gran cantidad de planteles de manera que formen conjuntos clonales muy homogéneos.

Multiplicación por estacas

El sistema de arraigar ramas de olivo directamente en el suelo ya se empleaba antiguamente. El poder de producir raíces es tanto más bajo cuanto más joven sea la rama que se desee arraigar; ya hemos visto que las ramas de un año deben mantenerse continuamente en una atmósfera húmeda, por lo que habrá que emplear ramas de cuatro o más años de edad, de las que nunca es posible disponer la cantidad precisa. Según el grosor de estas estacas, se plantarán en posición vertical u horizontal.

Por lo general, las estacas verticales se plantan en el vivero formando caballones, aunque también puede hacerse directamente a pleno campo en el lugar definitivo. Todas suelen tener un diámetro de 0,5 a 4 cm y una longitud de 25 a 30 cm. En el vivero deben plantarse a una distancia de 30 cm. Las estacas verticales que se plantan directamente en el campo son de mayores dimensiones, pues suelen tener un grosor de 6 a 10 cm y una longitud de hasta 2 m. Se plantan después de la poda, al finalizar el invierno y antes de que lleguen los calores fuertes: se colocan en el interior de grandes hoyos cúbicos de 1 m de lado, poniendo la estaca en sentido vertical y cubriendo la parte que sobresale del suelo con tierra, formando un montículo en el que sólo quedan visibles entre 20 y 30 cm de la parte superior.

REPRODUCCIÓN

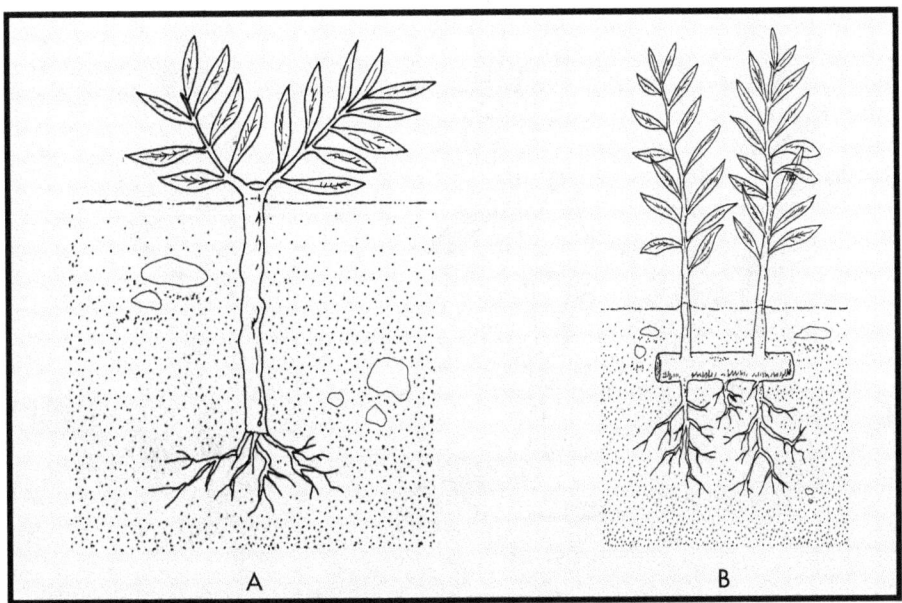

Estaquillado del olivo: a) *estaca vertical;* b) *estaca horizontal*

Se mantiene la humedad por medio de riegos, y al cabo de un año se elimina el manto de tierra que cubría la parte superior de la estaca.

Suele ser muy habitual colocar en cada hoyo tres o cuatro estacas de 3 a 4 cm de diámetro y de 60 cm a 1 m de longitud, que reciben el nombre de *garrotes* y se emplean para conseguir plantas con varios troncos y en forma arbustiva. En cambio, para las estacas horizontales se utilizan trozos de ramas más rígidos que los empleados en las verticales; suelen tener un grosor de 3 a 5 cm y una longitud de 30 a 50 cm. Se pueden plantar directamente o en vivero, colocándolos en el fondo del hoyo en posición horizontal.

En cada yema se produce un brote y las raíces correspondientes; de este modo al realizar el trasplante de cada estaca vertical pueden separarse tantos brotes como trozos de estaca y obtener varias plantas.

Reproducción por zuecas

Las zuecas, también llamadas *óvulos*, son unas protuberancias que aparecen en el tronco del olivo, principalmente en el cuello y la peana en contacto con las raíces o en el lugar donde se hizo la soldadura del injerto.

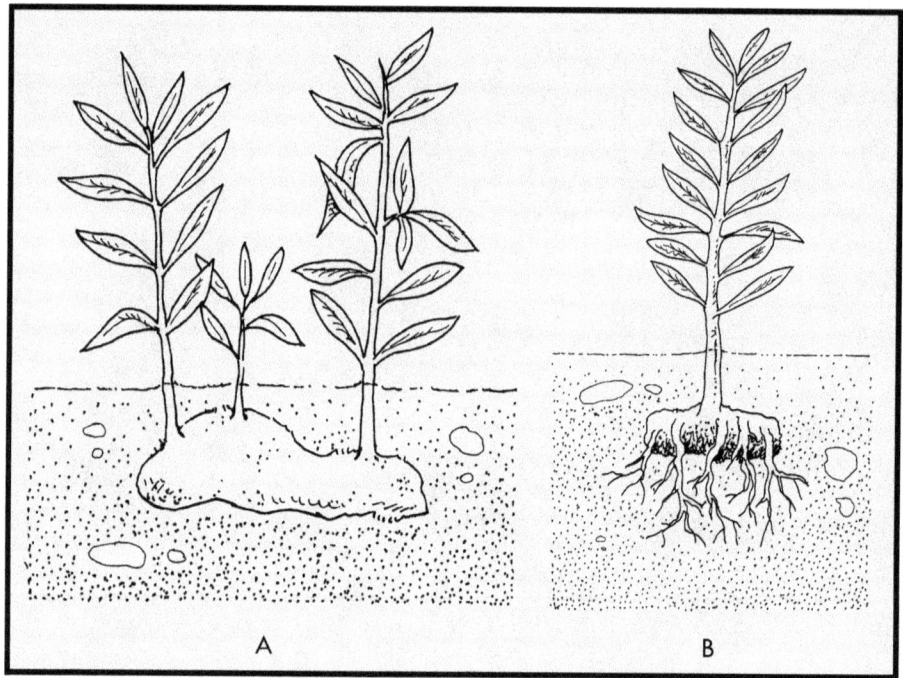

Estaquillado del olivo: a) zueca b) estaca de raíz

En esta protuberancia, de forma más o menos esférica, se produce un atasco de la circulación de la savia que determina una supernutrición de la capa generatriz de leño y corteza (el *cámbium*) y una mayor vivacidad en la formación de las yemas en la corteza, donde se acumula gran cantidad de sustancias de reserva. Si se separa del árbol este trozo de mayor vitalidad que constituye la zueca se obtiene un órgano de multiplicación muy superior a la estaca.

La reproducción por zuecas está muy indicada en suelos ácidos, pues son muy fáciles de prender y obtener, si bien tienen el inconveniente de que si se extraen en cantidades excesivas pueden acabar dañando al árbol.

Para la extracción de zuecas se buscan las protuberancias más salientes, se las limita por medio de dos cortes de sierra y, finalmente, se separan del árbol mediante una azuela de carpintero, cortando parte del leño.

El peso de la zueca varía según se destine al vivero o a la plantación directa.

En el primer caso, el peso recomendable oscilará entre los 500 y los 800 g; en el segundo, pesarán entre 900 g y 2 kg en las zonas lluviosas y entre 1,5 y 5 kg en las zonas de poca pluviosidad.

REPRODUCCIÓN

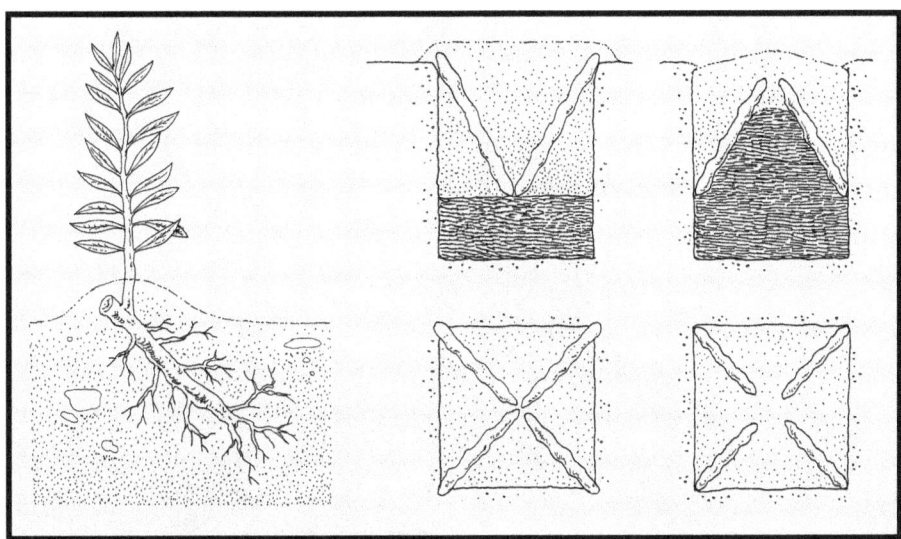

Multiplicación por estacas inclinadas

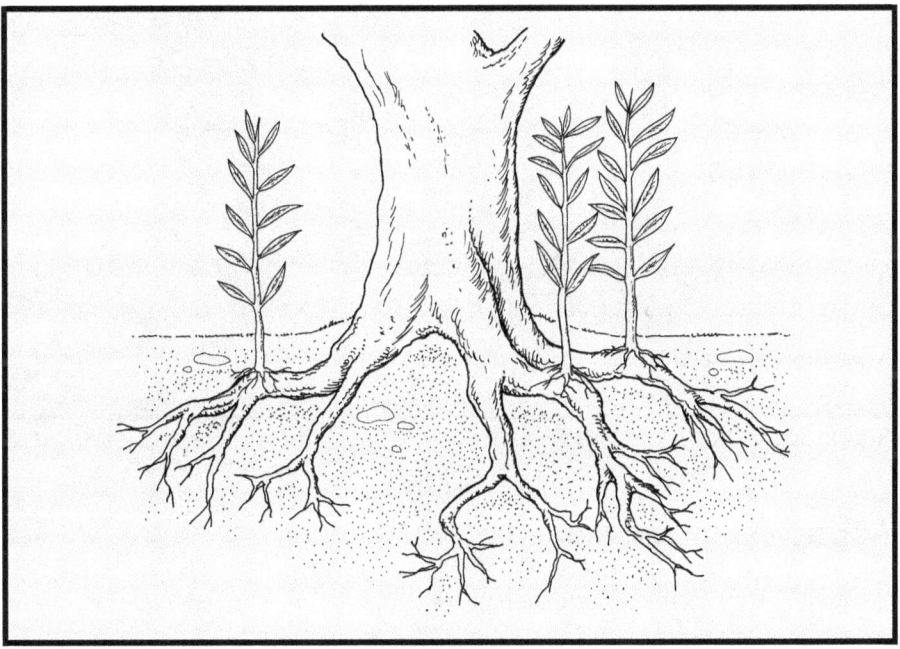

Multiplicación por retallos

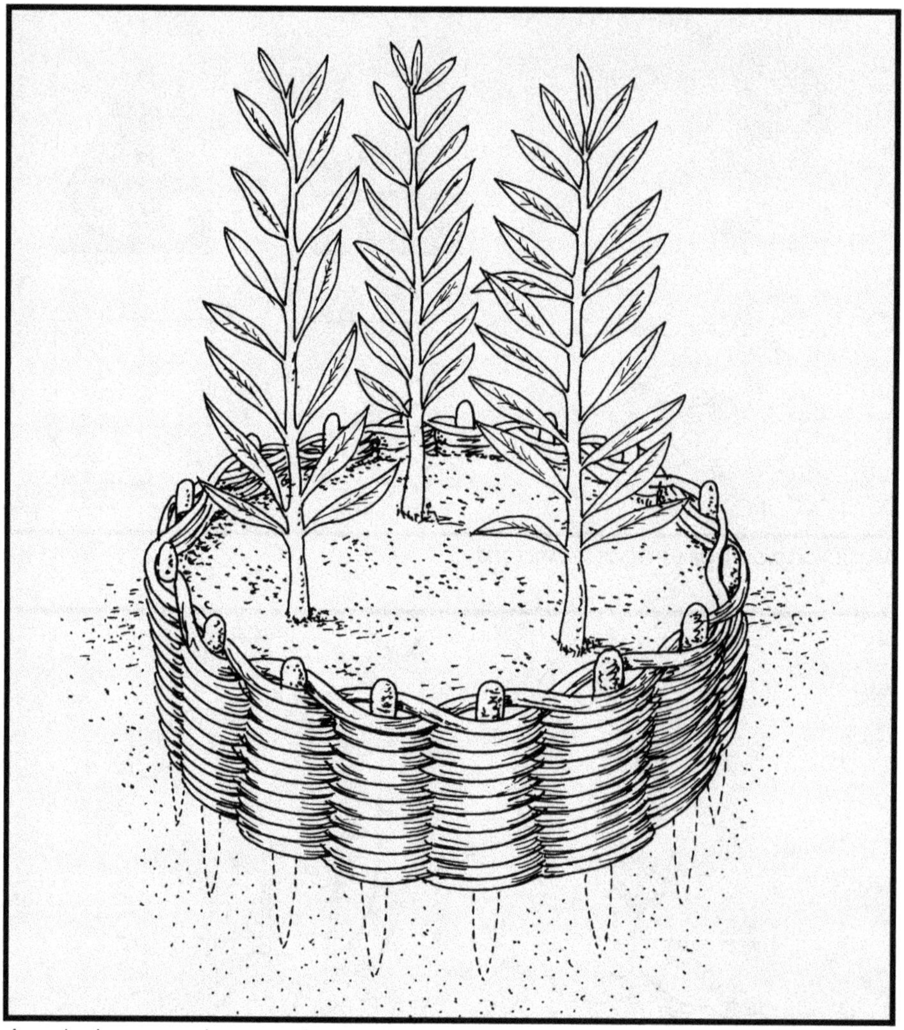

Acodado por corte y recalce

Acodo de chupones

Mediante este sistema se aprovechan los chupones, o renuevos, que brotan de la base del tronco del olivo y que deben eliminarse ya que, como su nombre indica, quitan savia y vitalidad al árbol.

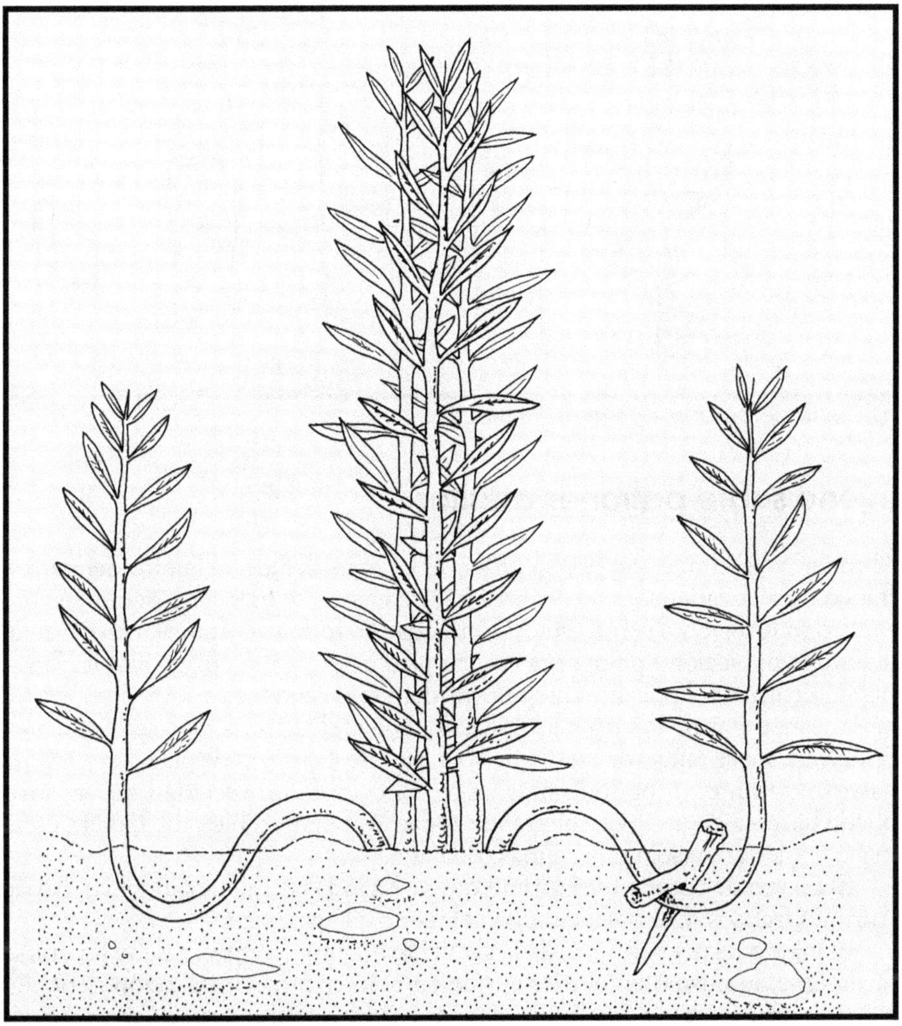

REPRODUCCIÓN

Multiplicación acodando ramas de la planta madre

Si se quieren aprovechar en la multiplicación del olivo, se dejarán crecer hasta que alcancen como mínimo 1 m de longitud, y se aporcará la tierra alrededor del tronco, de manera que todos los renuevos queden cubiertos hasta una altura de 20 a 30 cm. A continuación se procederá a regar el montón de tierra. Cuando los renuevos ya tengan raíces se trasplantarán al vivero para completar su desarrollo, o directamente al campo.

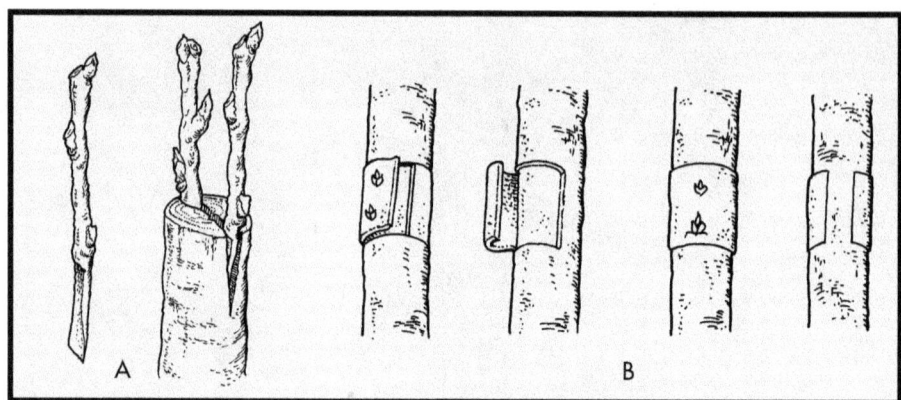

a) Injerto de corona; b) injerto de placa

Injerto sobre patrones adultos

Al tratar la reproducción por semillas, se ha considerado el injerto del patrón franco para la variedad a cultivar. El injerto clásico se ha hecho siempre sobre el olivo ya formado o sobre estacas obtenidas de forma vegetativa, con el fin de tener una población homogénea en una plantación, o bien para cambiar la variedad de un árbol por otra que se considere más rentable.

Los métodos de injerto más utilizados son el de corona, que se practica en primavera sobre ramas de un diámetro mayor de 4 cm, y el de placa, que puede hacerse durante un periodo más largo. El cambio de variedad de un olivo puede hacerse de una vez, injertando todas las ramas, o bien de manera escalonada, injertando sólo unas ramas cada año.

El injerto de corona es el mismo que se ha indicado al hablar del injerto de patrones francos, y se practica según el modo allí expuesto.

El injerto de placa se hace de la siguiente manera: la corteza debe separarse fácilmente, lo mismo en el patrón que en el injerto (por esta razón debe hacerse en primavera o a finales de verano, cuando el árbol está en su mayor vitalidad). El injerto se obtiene separando un trozo de corteza que cubra las tres cuartas partes de la circunferencia del tronco y que contenga, al menos, una yema. En primer lugar, se harán dos cortes transversales paralelos a ambos lados de la yema. A continuación, se hacen dos cortes verticales y se extrae la placa. Tan sólo queda preparar el portainjertos para que pueda albergarla.

Siempre hay que dejar un trozo de la corteza antigua para favorecer la circulación de la savia entre la parte antigua y la nueva.

El injerto se sujetará con rafia, que se quitará a los 20 o 30 días.

LESIONES Y ENFERMEDADES

Daños producidos por el frío

La sensibilidad del olivo al frío está determinada por diversos factores como la variedad, el estado vegetativo y sanitario del árbol, la exposición del olivar, el grado de humedad del aire y del suelo y la intensidad, la época y la duración de la ola de frío.

El frío otoñal anticipado, que normalmente en las regiones mediterráneas no pasa de –4 °C, puede detener la maduración de las aceitunas, si bien al subir las temperaturas recuperan su turgencia y reanudan el proceso. En las zonas en que pueden presentarse estas bajas temperaturas se debe adelantar y activar la recolección.

El frío invernal es el más perjudicial, sobre todo cuando rebasa el límite de los –4 °C, ya que aumenta el daño a medida que baja la temperatura y se prolonga la duración de la ola de frío, y se agrava si la humedad atmosférica aumenta. Las plantas jóvenes son las más afectadas. También pueden padecer estos cambios aquellas que sufran de carencias nutricionales a causa de un año de fuerte cosecha o tras haber sufrido una enfermedad. Las heladas de principio de invierno son menos perjudiciales que las bruscas heladas tardías, justo cuando las plantas empiezan a florecer.

Los primeros síntomas que presentan los olivos atacados por el frío consisten en una coloración broncínea que cubre toda la planta y sigue con la defoliación. Si este fenómeno se intensifica, puede alterarse toda la zona cambial y extenderse de manera progresiva hacia ramas cada vez mayores hasta invadir el tronco, en donde la corteza se rasga. El cuello de la base del tronco raras veces queda dañado, gracias a la acción protectora del suelo, sobre todo si el descenso de la temperatura es rápido y la duración del frío tan corta que no llega a enfriar el suelo.

Los fríos tardíos de primavera, en los que el descenso de la temperatura no es demasiado brusco y dura poco tiempo, son peligrosos no por el daño que puedan infligir a las ramas y las hojas, sino por el que hacen a los elementos de brotación, pues las yemas y los brotes jóvenes portadores de hojas y órganos florales son muy sensibles.

Las plantas sanas y bien abonadas son más resistentes. Una buena previsión consiste en fertilizar con potasio, que contribuye en gran medida a la formación de tejidos resistentes.

Después de las heladas se procurará favorecer la recuperación del árbol con riegos frecuentes y la aplicación de los fertilizantes adecuados. Para ello, será mejor que pase un año para que se delimiten bien las zonas dañadas. Al cabo de este tiempo, serán eliminadas, cortando la madera hasta la zona sana y llegando si es preciso a la completa destrucción del tronco para conseguir desde su cuello la formación de nuevos troncos a partir de los renuevos.

El frío puede afectar a la totalidad del olivo, pero las hojas son las primeras en resentirse

Lesiones causadas por el viento

Los vientos no muy fuertes pero constantes son la causa de un desarrollo irregular de la copa, ya que la inclinan en la dirección opuesta a la que sopla el viento. Si los vientos son muy cálidos y secos, secan las hojas, o al menos su parte extrema, que por estar menos protegida por la cutícula se necrosa fácilmente. Los vientos primaverales causan la caída de los brotes florales, y los otoñales, el secado de los frutos. Los vientos fuertes y huracanados son causa de la rotura irregular de las ramas y de la caída de brotes y frutos.

Lesiones producidas por el granizo

Según la época y el tamaño de los trozos de hielo, se producirán lesiones más o menos graves sobre inflorescencias, yemas tiernas, brotes, frutos, etc.

LESIONES Y ENFERMEDADES

Lesiones por sequía

Un periodo de sequía prolongado es la causa principal de una progresiva paralización del proceso vegetativo y de la maduración de los frutos.

Al secarse las aceitunas se producen arrugas en su superficie. Los vientos secos contribuyen a este hecho. Es muy importante tener durante el verano agua disponible para corregir en lo posible, mediante el riego, esta alteración del fruto.

Daños producidos por los pájaros

Existen algunos pájaros que producen mermas en las cosechas al devorar las aceitunas cuando están maduras. El que más daños causa es el estornino pinto (*Sturnus vulgaris*), que llega a nuestro país en otoño en grandes bandadas para hibernar. Uno de sus principales alimentos son las aceitunas.

Enfermedades fisiológicas

Las más importantes son la asfixia de las raíces y la caída de los frutos. La primera se debe al encharcamiento del suelo. La mejor prevención consiste en plantar en suelos sueltos y realizar los riegos cuidadosamente, sin excesos de agua.

Si la caída de los frutos es prematura, tal vez se deba a la falta de humedad del suelo y a la carencia de nitrógeno en el momento de la floración. Si los frutos maduros caen, la causa principal es la sequía, los fuertes vientos, la falta de una buena fertilización o unos tratamientos inadecuados de las enfermedades producidas por plagas.

Enfermedades carenciales

Están producidas por la escasez de algún elemento químico de los precisos para la vida de la planta: nitrógeno, potasio, boro y zinc.

Carencia de nitrógeno

Suele producirse a causa de una escasa disponibilidad hídrica. Disminuye el vigor vegetativo de la planta, no se desarrollan bien las yemas del fruto y en consecuencia el ovario aborta.

GUÍA COMPLETA DEL CULTIVO DEL OLIVO

La mejor solución es el riego, al que debe añadirse un fertilizante nitrogenado o bien puede asperjarse directamente sobre el envés de las hojas.

Carencia de boro

La carencia de boro en el olivo es la causa de diversas alteraciones que pueden afectar a todo el árbol. En principio se presenta una decoloración del limbo de las hojas, seguida de su amarilleo y secado, cosa que también sucede en las ramas jóvenes. La floración se detiene y la fructificación se limita a unos pocos frutos de tamaño reducido que se desprenden prematuramente junto con las hojas secas. En la corteza del tronco y de las ramas aparecen áreas rugosas, como consecuencia de la necrosis de sus tejidos.

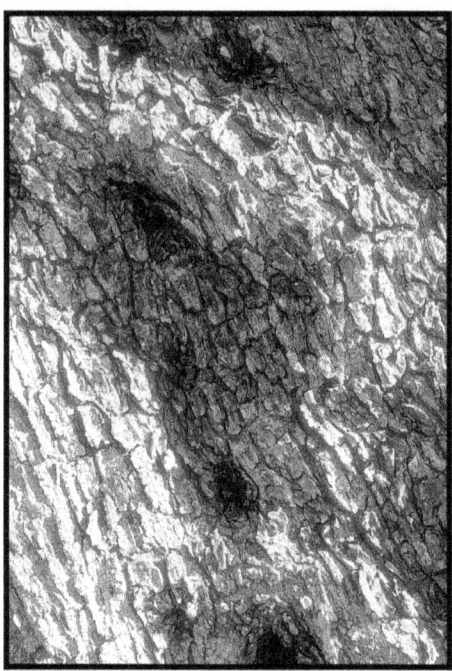

La carencia de boro se puede detectar en todas las partes del árbol, incluso en la corteza

Estas alteraciones afectan generalmente a un grupo de plantas, aunque también puede sufrirlas un solo individuo. Todas las variedades de olivo son susceptibles de padecer esta carencia, si bien las plantas adultas son mucho más resistentes que las jóvenes.

También se debe a la carencia de boro la podredumbre seca de las aceitunas.

Se considera que un olivo tiene carencia de boro cuando el contenido en las hojas es inferior a 14 o 15 ppm (partes por millón).

Una equilibrada fertilización con bórax (bastan dosis de 20 a 200 g, según la fortaleza de la planta) es la solución más adecuada. El tratamiento más sencillo y eficaz consiste en enterrarlo a una profundidad de 15 a 20 cm.

Carencia de cinc

Se caracteriza por presentarse una abundante vegetación en forma de pomos de hojas pequeñas de color verde amarillento, que se secan y desprenden.

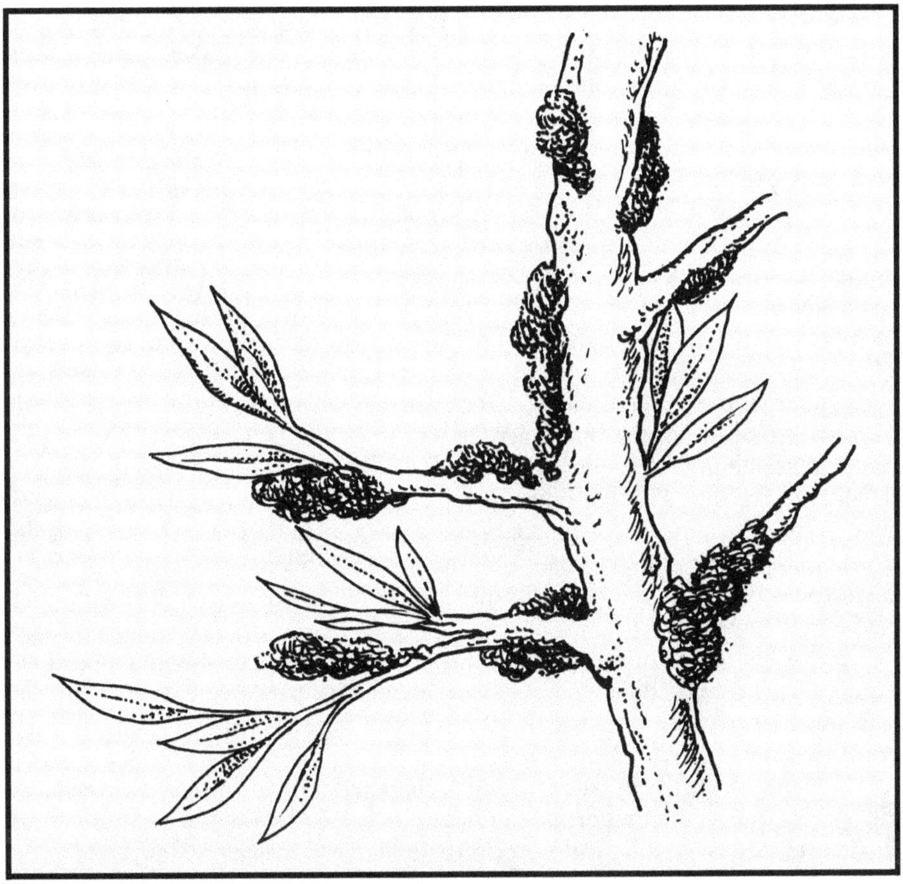

LESIONES Y ENFERMEDADES

Rama infectada por la tuberculosis del olivo

Puede corregirse con riegos de una solución de 500 g de sulfato de cinc en 100 l de agua, neutralizando su acidez con carbonato sódico.

Enfermedades producidas por bacterias

Tuberculosis del olivo

Está causada por la bacteria *Pseudomonas savastanoi*, y es conocida vulgarmente con los nombres de *verruga*, *roña* y en catalán *suro*.

Se trata de una enfermedad muy difundida y conocida desde tiempos muy antiguos. La provoca un bacilo móvil, de entre uno y cuatro cilios polares y extremos redondeados. Su tamaño oscila entre 1,2 y 4,4 micras de longitud y entre 0,4 y 0,8 micras de grosor.

La bacteria puede atacar todos los órganos de la planta, incluso los subterráneos, pero las infecciones más graves se presentan en las ramas y en las hojas. En las ramas jóvenes los síntomas se manifiestan en forma de pequeños tumores de superficie lisa que aparecen separados o formando conjuntos y van aumentando de tamaño a medida que penetran en el tronco hasta llegar a los tejidos internos. Al crecer adquieren un tono pardo negruzco, se hacen duros y la superficie se vuelve rugosa. El tamaño es muy variable: desde unos pocos milímetros a más de 1 cm.

Cuando infesta una rama joven, comienza a desecarla desde el lugar donde está situado el tumor hasta el ápice. Si las ramas son más gruesas, sólo se produce un debilitamiento general y la necrosis sólo es parcial. La infección puede llegar hasta las raíces. En las hojas suelen presentarse los mismos tubérculos, situados sobre el nervio central, cortando el paso de la savia a las zonas apicales de la hoja, produciendo clorosis, que más tarde derivará en necrosis, desprendiéndose a veces la hoja pero sin que la defoliación del árbol alcance demasiada importancia.

En los frutos, la enfermedad suele aparecer en forma de una mancha circular de 0,2 a 3 mm de diámetro, al principio de color pardo y después negruzco, que se extiende y hunde en el fruto; alrededor de esta mancha suele aparecer con frecuencia un exudado viscoso.

La penetración de la bacteria en los tejidos del olivo se realiza a través de las heridas que se pueden producir en las ramas y en las hojas a causa de la caída de estas, de las flores e inflorescencias, o bien lesiones causadas por la poda, la recolección, el granizo o las heladas. Una vez introducidas en el tejido y si las condiciones atmosféricas son favorables, las bacterias se multiplican rápidamente, mientras que en el floema de los tejidos del olivo se produce un crecimiento anormal de sus células que causa la formación de tumores.

Desde el periodo de inoculación hasta la formación del tumor suelen transcurrir de uno a tres meses. Las condiciones óptimas para el desarrollo de la bacteria son una temperatura ambiente comprendida entre 25 y 30 °C y un porcentaje de humedad del 80 al 85 %. Durante los periodos cálidos del verano o en los fríos del invierno, la bacteria suele refugiarse en los tumores que ha producido, para continuar su desarrollo y propagación cuando las condiciones ambientales vuelvan a ser favorables.

En pleno periodo de actividad se producen escoriaciones y roturas de los tumores, por donde se realiza la salida de las bacterias, que son difundidas por

LESIONES Y ENFERMEDADES

diversos medios hasta encontrar alguna lesión o herida en el olivo por donde penetrar.

No se conocen procedimientos eficaces para controlar la infección una vez se ha producido, por lo que sólo son posibles el empleo de medios preventivos. Después de las heladas invernales o de una fuerte granizada, será eficaz practicar un tratamiento con caldo bordelés al 1 %.

En la recolección se tendrá cuidado de no causar lesiones a la planta, por lo que no es buena práctica la recolección por el sistema del vareo.

Mayores cuidados habrá que tener en la poda. Se deberá empezar siempre por los árboles más sanos. Después de una poda de árboles enfermos se procederá a desinfectar los útiles, sumergiéndolos en una solución de sulfato ferroso al 10 %. Las ramas enfermas procedentes de la poda deberán quemarse. Las heridas producidas en la poda de árboles enfermos se desinfectarán con una solución de 50 g de sulfato ferroso y 200 de TMTD al 80 % en dos litros de agua, o bien se recubrirán con pasta de injerto.

Enfermedades producidas por hongos

Repilo

El hongo productor de esta enfermedad es el *Spilocaea oleagina*, que en Jaén recibe el nombre de *vivillo* y en Cataluña el de *ull de gall*, debido a las manchas circulares tan características que se forman en las hojas enfermas. Esta plaga está extendida por todo el Mediterráneo. El micelio de este hongo tiene color pardo oliváceo y se desarrolla por debajo de la cutícula de las hojas. Las lesiones que produce suelen presentarse en el haz de las hojas, con menos frecuencia en el envés y más raramente en las ramitas jóvenes y los frutos.

A partir de un punto inicial producido por la germinación de un conidio, el micelio se extiende en forma de mancha de aceite en todas direcciones a una distancia similar. Al principio esta mancha tiene un color verde brillante y aceitoso, y en ella se forman una serie de anillos concéntricos más oscuros. El diámetro de la mancha es de 10 a 12 mm; alrededor de esta mancha aparece otra de color más débil y a su vez otra más oscura, con lo que la mancha toma el aspecto de ojo, de aquí el nombre que se le da en catalán.

El desarrollo de las manchas va acompañado de clorosis y necrosis de las hojas, que terminarán desprendiéndose, empezando las de la base de las ramas. En las ramitas se encuentran localizadas en sus partes más internas y en los frutos se presenta en forma de manchas parduscas de tamaño más reducido que en las hojas ligeramente hendidas.

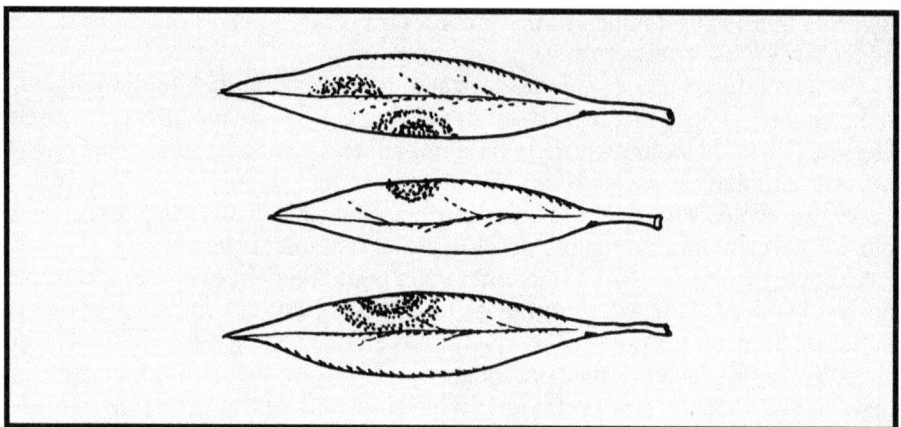
Hojas infectadas por el repilo

La formación de los conidios exige una humedad ambiental muy elevada, casi del 100 %, y un elevado número de horas en que permanezcan mojadas las hojas. Suele aparecer con temperaturas comprendidas entre 8 y 30 °C, si bien las más frecuentes son las que oscilan entre los 12 y los 24 °C y la máxima más frecuente, 20 °C.

Todo ello indica que aunque en los veranos calurosos llueva, si la temperatura se mantiene elevada el hongo no llegará a esporular.

Para un diagnóstico precoz de la infección, se sumergen unas cuantas hojas presumiblemente atacadas en una solución diluida de hidróxido sódico o potásico, donde permanecerán dos o tres minutos, manteniendo la solución entre 60 y 80 °C. A continuación, podrán observarse unas manchas oscuras en los tejidos infectados.

Los tratamientos son preventivos y deben efectuarse antes de que se presenten las condiciones adecuadas para el desarrollo de la enfermedad; por lo general, en las zonas donde suele presentarse, debe seguirse un tratamiento en primavera antes de que brote y otro a inicios del verano, antes de que comiencen a subir las temperaturas. El momento más adecuado para realizar los tratamientos es cuando el tiempo se mantiene nublado y lluvioso y la temperatura se mantiene entre 10 y 15 °C. Los productos más indicados son los compuestos de cobre que además tienen una acción defoliadora, lo que hace que se desprendan las hojas atacadas y disminuyan las posibilidades de la propagación de la enfermedad. Los productos más indicados son el caldo bordelés al 1,5 % o el oxicloruro de cobre a igual concentración; también se ha recomendado el Zineb y el Captan; este último tiene actividad defoliadora.

LESIONES Y ENFERMEDADES

Antracnosis del olivo *(Gloesporium olivarum)*

Conocida como *aceituna jabonosa* o *momificado*, es una enfermedad extendida sobre todo en Andalucía, donde sólo se conocen los ataques a los frutos; en otros países como Italia y Portugal también se ven afectadas las hojas y los brotes tiernos. La zona de propagación de esta enfermedad coincide con la de la mosca del olivo *(Daucus oleae)*.

El micelio lo desarrolla en el interior del huésped, y cuando el grado de madurez es suficiente, produce los acérvulos, que son unas grandes masas de conidios de color rosado. Esta fructificación que al principio es subepidérmica, al iniciarse su maduración sale al exterior produciendo al contacto con el aire una gran proliferación de esporas que se difunden con facilidad.

La germinación de las esporas requiere la presencia de agua condensada en las partes atacadas. El ataque del fruto suele presentarse con las primeras lluvias de septiembre; el punto de entrada es cualquier lesión en la epidermis de la aceituna, como son los orificios de salida de la mosca.

El primer síntoma es una mancha ocre, más o menos circular, aceitosa, que se extiende alrededor del punto de entrada de la infección. Después se producen los conidios de color, que pasan del rosado al naranja y están dispuestos concéntricamente; las partes atacadas se acorchan, el fruto se momifica y su epidermis se rompe dejando salir las esporas. El fruto se desprende del árbol y el aceite que se obtiene posee un grado elevado de acidez.

En invierno el hongo permanece latente en el interior de las aceitunas atacadas que quedan en el suelo, y reproducirá la infección cuando encuentre las condiciones favorables. El tratamiento más adecuado es a base de compuestos cúpricos como el caldo bordelés al 2 % o el oxicloruro de cobre al 1,5 %; a estas soluciones hay que añadir un agente mojante a la concentración del 1 % para que el producto se adhiera bien a la planta. El tratamiento debe ser preventivo y aplicarse en septiembre, sobre todo si el tiempo es húmedo o lluvioso; en caso de fuerte infección puede hacerse un segundo tratamiento.

Teniendo en cuenta que las sales de cobre son venenosas, entre el tratamiento y la recolección debe dejarse el mayor tiempo posible.

Escudete de la aceituna

El hongo productor era conocido con el nombre científico de *Macrophoma dalmatica*, pero actualmente se le denomina *Sphaeropsis dalmatica*; comúnmente se le conoce como *escudete* o *mancha negra*. El aceite obtenido de aceitunas atacadas tiene sabor amargo, y las aceitunas de mesa no pueden emplearse por el mal aspecto que adquieren. La enfermedad no está demasiado extendida; se observa en los olivares de Andalucía y también, aunque menos, en los de Aragón. El micelio de este hongo es transparente y en él se forman unas fructificaciones, los picnidios, consistentes en una cavidad en cuyo interior se encuentran los conidióforos, productores de unas esporas de forma alargada. El hongo ataca sobre todo a los frutos y suele presentarse de dos maneras diferentes. Por lo normal, a partir de la penetración inicial de la espora en el fruto, el micelio se va extendiendo hasta formar una mancha de color marrón claro al principio y más oscura después, formando una pequeña escama o escudete sobre el que se presentan picnidios en forma de pequeños puntitos negros. El escudete llega a tener 12 mm de diámetro, recubriendo por completo la aceituna y penetrando en su interior a una profundidad de 1 o 2 mm. La enfermedad también puede presentarse en forma de podredumbre blanda con un aspecto parecido al causado por el *Gloesporium*, del que se diferencia por la presencia de los picnidios en forma de puntitos negros.

La enfermedad, propia de toda la cuenca mediterránea, se presenta cuando la aceituna está ya desarrollada. Vive a temperaturas superiores a los 25 °C y una humedad ambiental comprendida entre el 40 y el 50 %. La penetración del hongo en la aceituna se produce a través de cualquier lesión. En el caso del *Gloesporium*, puede ser el poro de salida de la mosca.

Son eficaces los tratamientos con caldo bordelés al 1 %. El momento más indicado es cuando la aceituna empieza a madurar. Entre tratamiento y cosecha deberá dejarse un espacio de tiempo para que no queden en la aceituna residuos tóxicos, lo cual obligará a dejar que la aceitunas sean atacadas sin tener la posibilidad de efectuar el tratamiento.

Negrilla

Esta enfermedad, llamada *fumagina*, *tizne* y *fumat*, está producida por el hongo *Capnodium olaeophilum*, que se presenta en forma de compacto micelio de hifas negras entrecruzadas que forman una especie de fieltro que cubre ramas, brotes y hojas de manera general y a veces también los frutos. Se reproduce por conidios en el interior de picnidios.

La aparición y desarrollo de esta enfermedad está relacionada con la formación de melaza. Esta sustancia se presenta sobre las ramas y hojas del olivo, de improviso, a causa de un aumento de luminosidad y temperatura, como cuando después de una noche fría llega un día cálido y luminoso, o bien a temperaturas relativamente bajas y con tiempo lluvioso.

LESIONES Y ENFERMEDADES

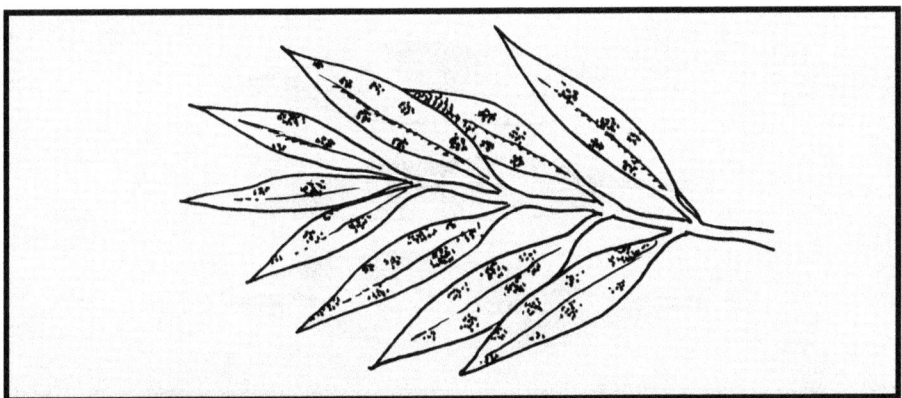
Hojas infectadas por la negrilla

La fumagina está producida por alteraciones del metabolismo celular y se presenta en forma de líquido viscoso sobre las ramas y hojas del olivo. El líquido viscoso está formado por materias azucaradas (principalmente manita) generadas de modo anormal en el interior de las células y que a través de los vasos se ven favorecidas por la presencia de numerosas cochinillas parásitas del olivo. Sobre la melaza se desarrolla la fumagina, a consecuencia de la aparición de cochinillas.

La fumagina provoca un debilitamiento general del árbol debido a la privación de luz en la hoja, lo que dificulta la función clorofílica y los intercambios gaseosos a través de los estomas. El daño al principio de la infección puede ser poco intenso, pero la fumagina permanece en estado latente para renacer con el buen tiempo y, en unos pocos años, destruye totalmente el árbol.

El tratamiento es a base de caldo bordelés al 1 %. Pero si se detecta la presencia de cochinillas, que es lo más frecuente, basta con eliminarlas.

Cercosporiosis del olivo

Se trata de una enfermedad producida por el hongo imperfecto *Cercospora cladosporioides*, muy común en Andalucía. Puede causar la caída prematura de las hojas. El hongo se desarrolla en condiciones normales de baja humedad relativa y temperaturas extremas. Produce esclerocios resistentes que, al volver a encontrar condiciones ambientales favorables, reanudarán el ciclo.

La enfermedad aparece en la cara inferior de las hojas, en manchas irregulares más o menos grandes, que pueden llegar a cubrir todo el limbo, el cual adquiere un tono gris plomo. En la cara superior y en correspondencia con las man-

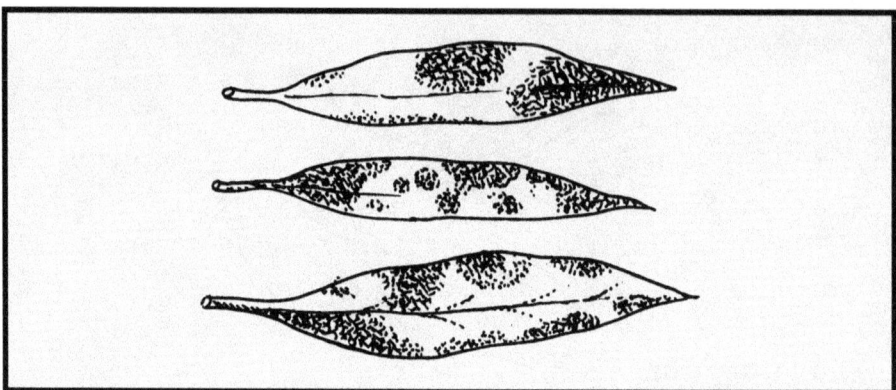
Hojas infectadas por la cercosporiosis

chas, se forman áreas cloróticas amarillentas que pasan a ser de color pardo y finalmente se necrosan, produciéndose entonces la caída de las hojas. Las ramas defoliadas se secan y, si la destrucción de las ramas es muy importante, el desarrollo del árbol puede paralizarse. Las ramitas verdes, las yemas y los pedúnculos de los frutos presentan también manchas de color verde claro y forma redondeada. La actividad principal del hongo se manifiesta en la hojas jóvenes de un año; la infección se produce en primavera y en otoño. Los conidios crean primero un micelio en el exterior de las hojas que penetra al interior por los estomas, donde se desarrolla a medida que reduce el número y el tamaño de los cloroplastos. A los diez o quince días, las hojas adoptan el aspecto típico de la enfermedad.

El tratamiento más adecuado es el caldo bordelés en primavera y en otoño.

Oídio del olivo

Es una enfermedad producida por el hongo ascomiceto erisifal *Leveillea taurica*, cuya fase conidiana recibe el nombre de *Oidiopsis taurica*.

La principal forma de reproducción es la conidiana. Los conidióforos, simples y muy largos, emergen de los estomas de las hojas produciendo conidios sueltos o agrupados en parejas o tríos. La penetración en las hojas se realiza por los estomas. Produce manchas irregulares amarillentas en el limbo de las hojas que pasan al color pardo avellana y finalmente se secan. Esta enfermedad es muy peligrosa, por su virulancia, en los viveros y las plantaciones jóvenes de olivos en arbusto, que tienen menor resistencia. Los tratamientos son a base de azufre y Captan.

LESIONES Y ENFERMEDADES

Caries de la madera

La caries de la madera o podredumbre seca se presenta en todas las partes del árbol: tronco, ramas e incluso en el inicio de la raíz. Está producida por diversos hongos, todos basidiomicetos pertenecientes a los géneros coriolus, polyphorus, fomes, poria y stereum. Aparece en árboles viejos o en aquellos que han sufrido podas demasiado intensas y frecuentes, sobre todo de las ramas gruesas. Las plantas jóvenes son más resistentes.

Las esporas de los hongos penetran en la madera a través de las heridas del árbol, sobre todo si estas contienen restos o pequeños charcos de agua. La podredumbre afecta hasta la parte central del tronco y llega a vaciarlo por completo. El tratamiento es preventivo y consiste en tratar las heridas que presente el árbol, especialmente las de la poda, con la llamada pasta bordelesa, formada por 1,5 kg de sulfato de cobre, 3 kg de cal y 10 l de agua. Las partes enfermas, sobre todo si son numerosas, deben eliminarse llegando hasta la parte sana y tratando la herida con pasta bordelesa.

Podredumbre de la raíz

Las raíces del olivo pueden ser atacadas por los hongos *Rossellinia necatrix* y *Armillaria mellea*. Las raíces se ablandan y toman un color pardusco, presentándose en la corteza masas laminares de color blanco, negro o pardo que forman el micelio del hongo; tienen un olor característico a moho.

Estos hongos se reproducen vegetativamente por medio de rizomorfos, un amasijo compacto de hifas muy resistente a las condiciones medioambientales adversas. En caso de presentarse la enfermedad en olivos ya desarrollados, se eliminarán en lo posible las raíces afectadas. Una buena solución consiste en colocar 2 kg de sulfato ferroso alrededor del tronco del árbol enfermo.

Enfermedades producidas por nematodos

Los nematodos, también llamados *anguílulas*, son gusanos de 0,3 a 0,5 mm de longitud con forma de huso y simetría bilateral. Los daños que pueden causar consisten en deformaciones y necrosis de los tejidos, que son vías de entrada para virus, bacterias u otras enfermedades criptogámicas. Pueden desarrollarse dentro de la planta huésped (endoparásitos) o en el suelo, cerca de las raíces, sin penetrar en ellas, utilizándolas como alimento (ectoparásitos), o bien introducir una parte del cuerpo y nutrirse de la capa de células corticales (semiendoparásitos). Los adultos pueden ser transportados por el viento, el agua y la tierra pegada a los aperos de labranza. Su persistencia en el suelo está ligada a la humedad y la temperatura, que debe rebasar los 15 °C para que pueda desarrollar su ciclo vital. La duración del ciclo biológico suele ser alrededor de un mes, según la especie y las condiciones ambientales, cesando la actividad cuando la temperatura del suelo es inferior a 10 °C.

Los nematodos sustraen sustancias nutricias de la planta huésped y le inoculan materias tóxicas que provocan en las raíces del olivo alteraciones de los tejidos, necrosis o engrasamientos de las células parenquimáticas o leñosas, que presentan lesiones corticales, crecimiento y ramificaciones excesivas de las raíces, lo que degenera en el agotamiento y destrucción de las mismas.

La secreción salival de un nematodo endoparásito del género meloidogyne estimula una abundante producción de células parenquimáticas, gigantes y polinucleares que forman unos característicos nódulos o agallas.

Entre los nematodos endoparásitos que pueden atacar al olivo se han detectado diversas especies pertenecientes a los géneros *Meloidogyne, Rotylenchus* y *Pratylenchus*. Una de ellas, la *Gracilacus peratica*, es ectoparásita y abre surcos longitudinales en plantas de los géneros *Tylenchus* y *Helicotylenchus*.

Los ataques se manifiestan en grupos de dos o tres árboles aislados, repartidos entre los sanos, que poco a poco se irán extendiendo. Una vez conocidos los síntomas de una probable infección, se tomarán muestras de las raíces enfermas y de la tierra que las rodea. La contaminación de un suelo suele ser rapidísima, puesto que en el transcurso de la estación favorable se suceden varias generaciones y la progresión del crecimiento es geométrica.

La primera precaución que debe tomarse es procurar que las plantas estén completamente sanas al hacer la plantación y que el suelo no esté contaminado. En el caso de que los árboles procedentes de una plantación anterior presentasen síntomas, conviene hacer un análisis del suelo y de todos los árboles de la plantación.

La desinfección se realiza con alguna de las siguientes sustancias: bromuro de metilo en dosis de 80 a 100 g por metro cuadrado; DD (mezcla de Cloropropano y Dicloropropeno al 50 %) en dosis de 800 a 1.000 l por hectárea; Ditrapex (mezcla de 80 % de DD y 20 % de Vapam) en dosis de 800 a 1.000 l por hectárea. Todos los preparados son sumamente tóxicos: el ganado no puede comer hierba en un suelo tratado hasta transcurridos dos meses. En el olivar sólo deben hacerse estos tratamientos antes de la plantación, dejando transcurrir entre tratamiento y plantación medio año por lo menos, y los productos deben manejarse con sumo cuidado. Lo más recomendable es acudir a los centros de extensión agraria locales para asesorarse. En un cultivo nuevo, y sólo en los dos o tres primeros años de plantación, puede aplicarse al suelo bajo la copa del

LESIONES Y ENFERMEDADES

árbol un nematicida sistémico como Fenamifos en dosis de 10 kg por hectárea, o Clorfenvinfos al 4 %.

Lesiones producidas por ácaros

Los ácaros son arácnidos de tamaño muy pequeño, con cuatro pares de patas en estado de ninfa y de adulto, y solamente tres en el larvario. La reproducción es ovípara y sexuada; la puesta es muy abundante. Su desarrollo pasa por diferentes fases: huevo, prelarva, larva y tres fases de ninfa y adulto.

En el olivo se han detectado tres tipos de ácaros, todos de la familia de los eriófidos, que atacan los brotes, las hojas, las inflorescencias y los frutos. Sus picaduras provocan la formación de pelos hipertrofiados, deformación de brotes y hojas y formación de agallas. El *Aceria oleae* provoca deformaciones en los bordes de las hojas jóvenes, que se vuelven onduladas y gibosas, se decoloran y queda limitado el crecimiento, deformándose las drupas atacadas; el *Oxycenus maxvelli* provoca ligeras deformaciones en las hojas, y el *Ditrymacus athiasellus*, al parecer, no causa ninguna alteración. No se conocen tratamientos eficaces para actuar contra estos ácaros.

PLAGAS PRODUCIDAS POR INSECTOS

Dípteros

Mosca del olivo *(Daucus oleae)*

Es el insecto que causa mayores daños al olivo. En años de fuerte infección puede destruir toda la cosecha. Se encuentra en todas las zonas olivareras.

El adulto del *Daucus oleae* es muy parecido a la mosca doméstica, si bien es de menor tamaño; es de color pardo, con manchas oscuras distribuidas simétricamente. La cabeza es algo más ancha que el protórax y de color castaño claro, los ojos son grandes y las antenas visibles. El abdomen está compuesto por cinco segmentos de color pardo-rojizo. El macho es algo más pequeño que la hembra, que tiene en el último segmento del abdomen una vaina retráctil protectora del oviscapto.

Los huevos se encuentran en el interior de las aceitunas y son de color blanco lechoso, de forma oval alargada y tienen una longitud de 0,7 a 0,8 mm.

La larva al nacer apenas alcanza un milímetro de longitud, y en su mayor desarrollo alcanza 6 a 8 mm; es de forma cónica, ápoda, dividida en doce segmentos; las mandíbulas son fuertes y aguzadas. La pupa pasa el invierno bajo tierra; algunas formas adultas de la última generación otoñal pueden resistir los meses de invierno en estado de vida latente y avivarse en primavera e insertarse en la nueva generación producida por las pupas hibernantes.

Los adultos se alimentan de líquidos azucarados procedentes de las flores o de las melazas, producidas por la acción de diversos hemípteros. Al cabo de cierto tiempo, las moscas adquieren la madurez y se aparean. Las hembras fecundadas buscan la aceituna adecuada para depositar sus huevos, recorriéndola varias veces por toda su superficie pero, de no satisfacerle, acabará buscando otra. Lo que busca la mosca en las aceitunas es que no lleve otra larva en su interior, y sólo en los años de mala cosecha y por lo tanto con pocas aceitunas disponibles, depositará dos huevos en la misma aceituna. Busca también frutos secos ni demasiado pequeños ni demasiado maduros; en primavera es-

PLAGAS PRODUCIDAS POR INSECTOS

La larva de la mosca del olivo se alimenta de la pulpa de la aceituna

cogerá aceitunas precoces y en otoño, las más tardías.

Una mosca puede poner al día unos 12 huevos y 150 a lo largo de su ciclo vital. Los huevos eclosionan dos o tres días después según la temperatura ambiental; al nacer, la larva se alimenta de la pulpa de la aceituna, donde forma una galería. La pupa se forma en una cámara situada en el extremo exterior de esta galería, protegida por la epidermis del fruto. Al formarse el adulto, lo abandona dejando un amplio poro de salida. Algunas veces, al final del verano, se desprenden del fruto y se entierran en el suelo, donde pasan el invierno protegidas hasta la llegada de la primavera, en que reanudarán el ciclo. El periodo larvario es de 10 a 30 días dependiendo de la temperatura atmosférica. Otro tanto sucede durante la transformación en pupa. La vida del insecto es de 20 a 60 días. Se forman tres o cuatro generaciones anuales.

En realidad, los daños causados por la mosca de la aceituna no son exagerados: se reducen a la destrucción de una parte de la pulpa que representa una cuarta o quinta parte del total, y sólo en el caso de aceitunas poco desarrolladas, principalmente a causa de la sequía, puede destruirse la totalidad de la pulpa, desprendiéndose del árbol las aceitunas secas.

En realidad los perjuicios más importantes los causan otros agentes a los que la mosca ha abierto camino. En las aceitunas dañadas y abandonadas por las larvas penetran esporas de los hongos *Gloesporium olivarum* y *Sphaeropsis dalmatica*, causantes de la alteración completa de los componentes de la pulpa de la aceituna, elevando la acidez del aceite, que puede llegar hasta los 10 o 12°, además de dotarlas de un desagradable «sabor a gusano».

La mosca del olivo precisa humedad para su desarrollo. Por esta razón en las provincias marítimas como Tarragona, Sevilla, Málaga, etc., es más frecuente su presencia que en las secas del interior de España, en las que la acción de la mosca puede ser considerada prácticamente nula.

Los medios de lucha contra esta plaga se dirigen en dos sentidos: destruir los adultos antes de que realicen la puesta o impedir el desarrollo de la larva en el interior del fruto. Los tratamientos pueden ser directos sobre toda la plantación o bien parciales, empleando entonces medios para atraer a la mosca a determinados lugares. El primer sistema se dirige principalmente a la destrucción de las larvas, en la que se emplean productos químicos que a la vez sirven para la destrucción de otras plagas, como: Dimetoato (60 días de seguridad), Formotion (60 días de seguridad), Fosmet (30 días de seguridad) y Triclorfon (10 días de seguridad).

La mosca del olivo es una plaga con mayor incidencia en las zonas húmedas

Los tratamientos localizados pueden efectuarse sobre el suelo de debajo del olivo o sobre la copa del árbol. En el primer caso se aplicarán, sobre diversas parcelas de 1 m^2 de superficie y esparcidos por toda la plantación, 250 g de la siguiente solución: 1 kg de atrayente azucarado y 0,5 kg de un insecticida fosforado, disueltos en 100 l de agua. Para el tratamiento sobre la copa del árbol se emplea una solución de 0,5 kg de atrayente azucarado en 20 l de agua. La pulverización de esta mezcla debe hacerse formando bandas de 25 m de anchura y dejando entre ellas un espacio de 100 m. De esta forma, la superficie protegida es cuatro veces superior a la tratada. Los insecticidas más frecuentes son el Dimetoato y el Malation. Para determinar el momento más adecuado para empezar los tratamientos, habrá que colocar repartidos por toda la planta mosqueros trampa que contengan una solución de fosfato diamónico al 4 % en agua. El primer tratamiento se efectúa tan pronto se presenten picaduras en las aceitunas más precoces; los demás se realizarán siempre que se capture una mosca por mosquero cada día.

PLAGAS PRODUCIDAS POR INSECTOS

Mosquito de la corteza *(Clinodiplosis oleisuga)*

Se trata de un pequeño díptero, poco frecuente, que se presenta en Andalucía y Levante si las condiciones para su desarrollo son favorables.

La forma adulta es una mosca de 2 mm de longitud, cubierta de pelos amarillentos y con manchas pardas repartidas por todo el cuerpo, principalmente en el abdomen.

Realizan la puesta sobre las ramitas jóvenes del olivo.

Las orugas al nacer penetran en la corteza hasta el cámbium, donde se nutren. La circulación de la savia se detiene y las ramitas afectadas se secan y cambian de color. Las larvas son pequeñas oruguitas de 1,5 a 2,5 mm, de color negro brillante y cabeza muy pequeña. El insecto presenta dos generaciones anuales, una en primavera y otra en otoño.

En invierno depositan los huevos sobre las ramitas tiernas del olivo, donde se avivarán durante el mes de abril, quedando entonces las oruguitas situadas en el cámbium, y allí forman la crisálida.

A finales de julio o primeros de agosto, aparecen los insectos adultos que darán lugar a una segunda generación.

Los daños que causa este insecto consisten en el secado y destrucción de las ramitas jóvenes. Al atacar solamente a las ramitas de un diámetro inferior a 0,5 cm, el árbol presenta un aspecto característico, con todas las ramas tiernas despuntadas. Los ataques no suelen repetirse cada año, pues es difícil que se presenten con regularidad las condiciones favorables al desarrollo de la plaga.

No existen tratamientos específicos. La plaga desaparece con los tratamientos empleados en la mosca del olivo. Como medida de prevención deben quemarse las ramitas atacadas.

Cecidonia del olivo *(Prolasioptera berlesiana)*

Esta mosca pone sus huevos en la herida causada por la picadura del *Daucus oleae*, junto con las esporas del hongo *Sphaeropsis dalmatica*, cuyo micelio constituirá el alimento de la larva de la cecidonia, destruyendo también al huevo de la mosca de la aceituna y contribuyendo a formar la mancha producida por el hongo sobre la aceituna, que en este caso será de mayor tamaño y color más oscuro. El mal aspecto que presentan las aceitunas atacadas impide su empleo para conserva.

La cecidonia continúa su actividad hasta septiembre u octubre, cuando forma una pupa hibernante en el terreno.

Los tratamientos son los mismos que en el caso del *Daucus oleae*.

Tisanópteros

Arañuelo del olivo *(Liothrips oleae)*

También se le conoce como trips, piojo negro, cabra, roseguillo y rizo, entre otros. Es un insecto chupador. El adulto mide 2 mm, es de color negro brillante y posee dos pares de alas estrechas bordeadas por largas pestañas. La hembra es de mayor tamaño y tiene un abdomen terminado en forma de tubo. Las alas son largas y las pestañas que las circundan tienen más longitud que su anchura en estado de reposo, cuando superpuestas recubren el abdomen hasta el sexto segmento.

Tienen una metamorfosis muy sencilla. Las larvas y las ninfas son morfológicamente parecidas al insecto adulto, si bien carecen de alas. Los huevecillos son de forma arriñonada, de 0,4 mm de diámetro. La larva al nacer es de color blanco con algunas manchas rojizas y mide poco más de 0,5 mm. En un segundo estado larvario adquiere un color anaranjado, destacando los ojos de color rojo oscuro y la patas y antenas negras. La ninfa, incluidas las patas y las antenas, tiene un color pardo lechoso. El arañuelo tiene tres generaciones anuales, dos en la época cálida del año y otra que enlaza con el siguiente.

El arañuelo pasa el invierno refugiado en las galerías nutricias fabricadas en las rugosidades o tumores causados por la tuberculosis del olivo. El número de insectos es tan elevado que llegan a tapizar las ramas del olivo. Durante el invierno las formas adultas no permanecen inactivas: en los días de sol abandonan sus refugios para alimentarse de la savia de las hojas.

Durante el mes de marzo, el adulto abandona su refugio y se produce el apareamiento, con una puesta de 4 a 12 huevos diarios y un total de 150 a 250. Los huevos son depositados en los mismos huecos donde los adultos han pasado el invierno. A los quince días aparecen las primeras larvas, que pasan por diversos estados hasta alcanzar la forma adulta en el mes de junio. El ciclo de esta generación dura unos 40 días; a esta sigue otra de ciclo más corto, de unos 30 días. Al llegar el mes de septiembre, se produce una tercera generación, que alcanzará su forma adulta en noviembre e hibernará.

El arañuelo está extendido por todos los países olivareros y ataca con sus órganos bucales diferentes partes del olivo, principalmente yemas, hojas y frutos. Inocula una saliva que descompone los elementos celulares para que resulten así más digeribles. Los órganos atacados sufren deformaciones.

Si el ataque primaveral se anticipa, los brotes tiernos se desarrollan precariamente y la planta se resiente de tal modo que, si los ataques son muy intensos, puede peligrar completamente la cosecha venidera.

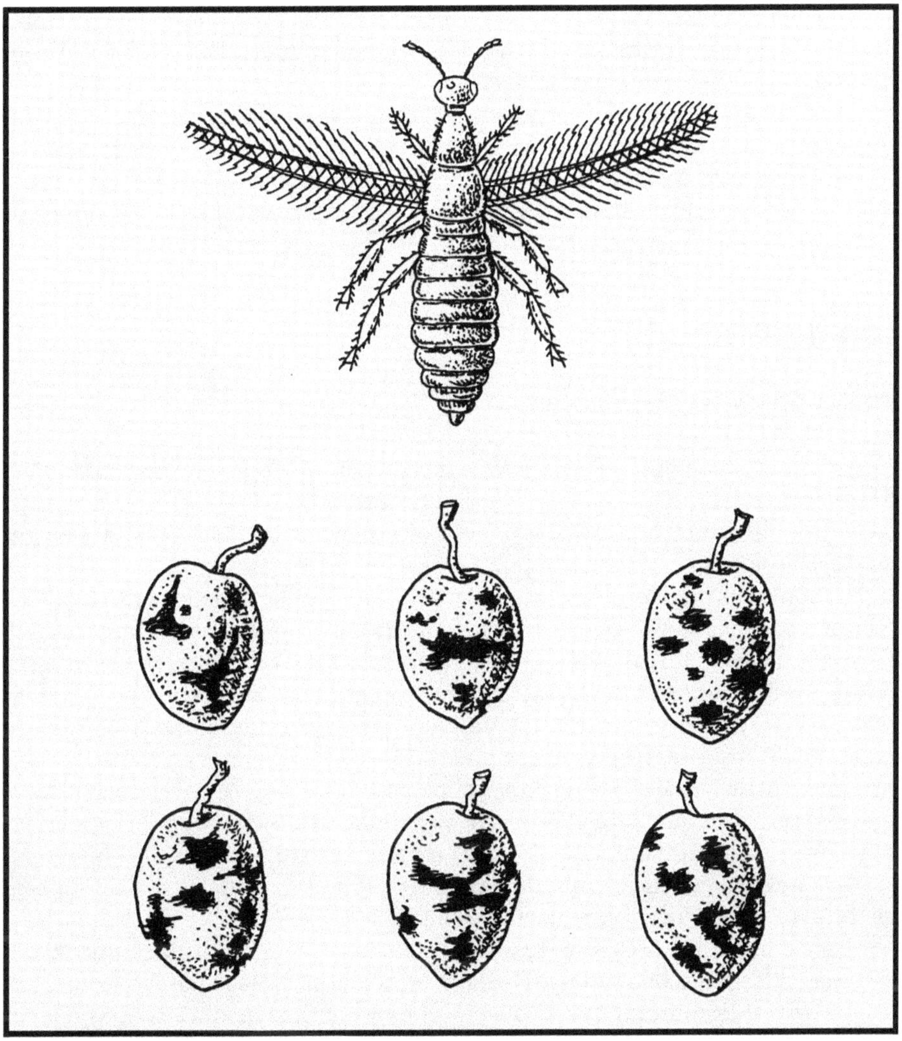

PLAGAS PRODUCIDAS POR INSECTOS

Arañuelo del olivo (Liothrips oleae) *y daños producidos en las aceitunas*

Son característicos los ataques a las hojas: la zona afectada por las picaduras adquiere un tinte más claro, crecen raquíticas y se deforman, ya que el limbo no se desarrolla de modo uniforme.

Cuando las picaduras son numerosas, provocan la caída de las hojas y de los frutos todavía tiernos y pequeños.

Si el fruto está más desarrollado, su caída es más difícil pero en él se aprecian unas típicas y profundas deformaciones, con depresiones y arrugas extendidas en toda la superficie de la aceituna.

Para luchar contra el arañuelo se realizan tratamientos de espolvoreos o pulverizaciones. Los tratamientos se realizan en primavera al avivarse los adultos hibernantes y aparecer la primera generación de larvas. La época del tratamiento coincide con la del repilo, siendo los productos empleados los mismos para ambos tratamientos.

Lepidópteros

Polilla del olivo *(Prays oleae)*

Conocida también como *tiña del olivo*, está extendida por toda la periferia del Mediterráneo. En España alcanza todas las zonas olivareras, en especial Sevilla, Córdoba y Jaén, si bien se ha presentado ocasionalmente en grandes brotes en otras regiones.

El adulto es un microlepidóptero (mariposa o polilla de color gris plateado) con una mancha negra en el escudete, tiene una longitud de 6 mm y cuando tiene las alas extendidas alcanza una envergadura de 12 a 14 mm. Las alas anteriores son de color grisáceo, punteadas de negro y con pelos en los bordes; las posteriores son grises y cubiertas de pelo. La larva mide entre 7 y 8 mm de largo, es de color marrón con dos líneas de color avellana en el dorso y otras dos más claras laterales, y está cubierta de pelo. La cabeza es negruzca, al igual que dos manchas que lleva el pronoto. La crisálida se encierra en un capullo sedoso, translúcido, de color siena y de 5 mm de longitud.

Los huevos tienen 0,5 mm de diámetro y forma de lenteja; son de superficie reticulada, de color blanquecino que tiende al amarillo.

Esta mariposilla presenta tres generaciones anuales: la fitófaga que se desarrolla en las hojas, la antófaga, en las flores, y la carpófaga, en los frutos.

La generación fitófaga empieza en septiembre. Las hembras depositan sus huevos en el envés de las hojas y las larvas, una vez avivadas, penetran en el interior de aquellas excavando una galería en forma de S. Al final del invierno abandonan el interior de las hojas y roen la parte exterior de estas, trasladándose a menudo a los brotes recién formados para alimentarse de ellos. La formación de las crisálidas tiene lugar en abril, reuniendo para ello dos o más hojas con hilo sedoso que forman un capullo. A primeros de mayo aparecen las mariposillas, que después del apareamiento depositarán los huevos en los brotes florales y darán lugar a la generación antófaga.

PLAGAS PRODUCIDAS POR INSECTOS

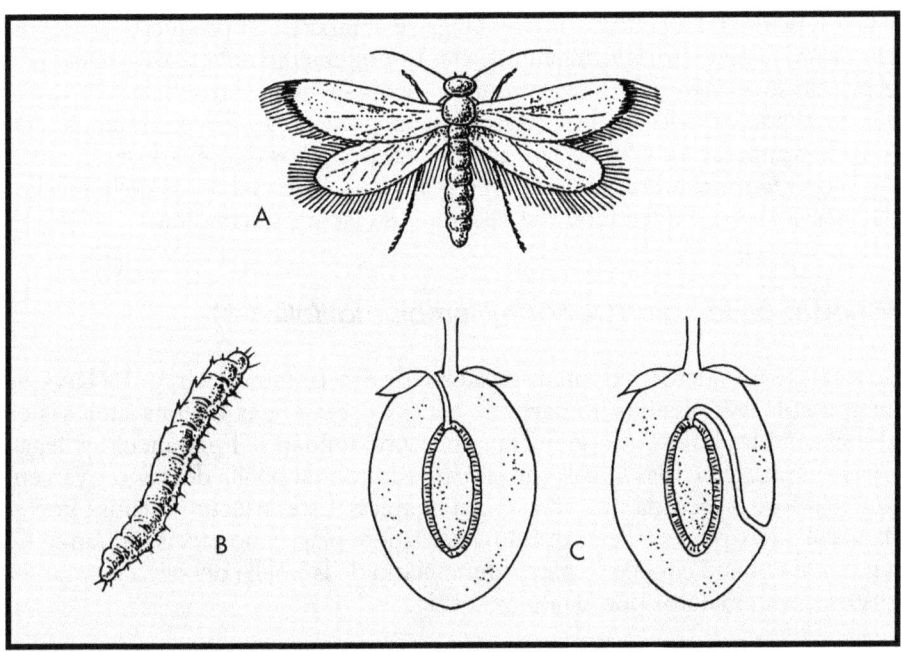

Polilla del olivo: a) *adulto;* b) *oruga;* c) *trayectoria seguida por la oruga hasta alcanzar el hueso*

Cada hembra pone 300 huevos por término medio. A los seis u ocho días de la puesta empiezan a aparecer las larvas. El estado larvario dura 20 días. Al principio, al ser la larva muy pequeña, se aloja en el interior de una flor, pero al alcanzar 3 mm sale de ella para pasar a devorar otras flores. El desarrollo de esta generación es muy rápido, pues ya desde finales de junio aparecen los adultos, que depositan sus huevos en el pedúnculo de las aceitunas. Las jóvenes larvas de esta última generación carpófaga penetran en los frutos, lo que provoca su desprendimiento del árbol. La crisálida nace en la aceituna atacada que ha caído al suelo. Las mariposas de esta generación aparecen en octubre, depositan los huevos en las hojas y reanudan el ciclo.

El daño más importante que causa esta plaga es el producido por la generación antófaga, que destruye las flores; la generación carpófaga completa los daños de esta atacando los frutos sanos que quedaron.

La manera más eficaz de combatirla es realizar los tratamientos antes de que los insectos de primavera procedentes de la generación fitófaga ataquen los brotes florales. Estos tratamientos deben realizarse tan pronto se inicie la floración del olivo con espolvoreos o pulverizaciones de Carbaril, Endosulfan, Triclorfon o Clorfenvinfos. La generación carpófaga se combate con productos análogos: Diazinon, Dimetoato, Clorfenvinfos, etc. El tratamiento debe aplicarse cuando el insecto se encuentre en su fase adulta y repetirse cada ocho o diez días. La polilla en estado larvario puede ser destruida, en parte, a causa de los rápidos cambios de temperatura y humedad; también tiene varios depredadores como el *Ageniaspis fusicollis* «Praysincola», que pone sus huevos sobre los de la polilla y da lugar a 10 o 12 individuos que devoran a su larva y su crisálida.

Minador de la hoja *(Oecophyllembius latifoliellus)*

Se trata de un microlepidóptero grisáceo, de 6 a 10 mm de largo. La larva de cuerpo aplanado tiene ocho pares de patas y excava unas galerías sinuosas en el limbo de las hojas, que se inician en la proximidad del pedúnculo y llegan hasta el ápice. Son más largas que las causadas por la polilla del olivo y van ensanchándose a medida que se acercan al ápice. Este insecto no causa graves daños al olivo, pues no llega a ser una verdadera plaga y no precisa tratamiento alguno. Es bueno conocerlo para diferenciarlo de la polilla del olivo y evitar los costosos tratamientos que esta última exige.

Zeuzera *(Zeuzera pirina)*

La zeuzera, también conocida como *taladro amarillo* y *barreno de la madera* a causa de su larva perforadora, prefiere los árboles de madera más blanda que la del olivo. En este ataca las ramas más jóvenes y los olivos de buen desarrollo vegetativo cultivados en zonas fértiles de clima adecuado y con agua suficiente. El insecto adulto es una mariposa de 6 cm de envergadura de alas de color blanco con numerosos puntos de color azul oscuro, y en el tórax lleva seis manchitas. La larva u oruga, al término de su desarrollo, mide 6 cm, es de color amarillo intenso, con abundantes puntos negros en la cabeza y en la placa torácica. Las hembras fecundadas introducen los huevos bajo la corteza del árbol, donde nacen las oruguitas que excavan largas galerías en la madera. Al cabo de dos años completan su desarrollo.

Si una rama delgada es atacada, cosa que se dictamina por el cambio de color en la zona atacada, es mejor cortarla y quemarla. El momento más adecuado para efectuar el tratamiento es al aparecer la mariposa y antes de que realice la puesta, lo cual suele ocurrir en el mes de julio. Se realizarán tres tratamientos, espaciados entre sí por diez o quince días, con Mevinfos y Metilazinfos. Si la infección no está muy extendida, también puede efectuarse la eliminación de las

PLAGAS PRODUCIDAS POR INSECTOS

larvas una a una introduciendo un alambre por el orificio de entrada hasta llegar a la larva y destruirla, o bien inyectando en la galería un poco de diclorobenceno y tapando después el orificio con barro.

Piral del olivo *(Euzophera pinguis)*

El adulto es una pequeña mariposa de 1 cm de longitud y 2 cm de envergadura, de color pardusco con manchas grises. La larva es una oruga verde de cabeza pequeña, marrón, con fuertes mandíbulas y una longitud de 2 cm.

Aunque no es de sus árboles favoritos, la zeuzera también ataca la madera del olivo

Presenta dos generaciones anuales. Las larvas pasan el invierno en unas galerías excavadas en las ramas del olivo, de un diámetro inferior a 10 cm, o sobre el tronco de arbolitos jóvenes. Si son muchas las galerías formadas, las ramas o los arbolitos atacados pueden llegar a secarse. A mediados de marzo, aparece el insecto adulto y tres o cuatro días después la hembra fecundada empieza a depositar sus huevos en las rugosidades de las ramas. Estas oruguitas terminarán su ciclo en la segunda quincena de julio, cuando aparece la segunda generación de adultos que darán lugar a las larvas hibernantes.

La plaga suele presentarse en zonas costeras de clima benigno, puede causar daños en el olivar adulto y destruir una plantación joven. Las galerías son parecidas a las de la zeuzera, aunque de menor diámetro y longitud. Se emplean los mismos tratamientos que para la zeuzera.

Coleópteros

Barrenillos del olivo

Estos coleópteros reciben en Andalucía el nombre de *palomillas* y en Cataluña el de *corcs banyarriquers*. Pertenecen a la familia de los escolítidos y están extendidos en todas las zonas olivareras mediterráneas. Las especies más corrientes son las que aparecen a continuación.

El *Phleotribus scarabeoides*

Es el barrenillo que ataca más frecuentemente al olivo. El insecto adulto es de color pardo negruzco, cubierto de una pubescencia grisácea y tiene una longitud de 2 a 3 mm. Los tarsos y las antenas son de color rojizo y están formados por tres artejos en forma de tridente, característicos de esta especie. Las larvas, muy parecidas a los adultos, son ápodas, blancas, de cuerpo blando y arqueado, cabeza redonda y color pardusco, con potentes mandíbulas para excavar las galerías. Las ninfas aparecen al final de las galerías larvarias, son cortas y algo aplanadas, provistas de pocos pelos. Esta especie tiene tres generaciones anuales, hibernando en la fase adulta. Si a causa de condiciones desfavorables no se completa la tercera generación y no llegan a aparecer los adultos, hibernarán las larvas. A mediados de abril o primeros de mayo aparecen los adultos. Cada pareja excava una galería en la que la hembra deposita entre 60 y 90 huevos a ambos lados. A los cuatro o cinco días de la puesta salen las larvas. Cada larva excava su propia galería perpendicular a la principal. Cuarenta días después, la larva se convierte en crisálida y ocupa una cavidad más ancha que ha formado en el extremo de la galería. A los quince días sale al exterior por unos agujeros que perfora en la corteza.

El *Hylesinus oleiperda*

El adulto es de forma oval, negro, con patas y anteras rojas, y carece de anteras. El adulto mide de 2 a 3 mm y las larvas y crisálidas son semejantes a las de otros barrenillos. Prefiere las ramas secas para excavar sus galerías, pero también las forma en las ramas tiernas y sanas. En las sanas presenta una sola generación y en este caso hiberna la forma adulta. En las secas se presentan dos generaciones, pero la segunda hiberna en forma de larva.

El *Laperisinis fraxini*

La especie adulta se diferencia de la anterior por estar cubierta de escamas de color blanco y pardo que forman figuras asimétricas respecto al eje de sutura de los élitros; las larvas y crisálidas son semejantes a las de otros barrenillos.

PLAGAS PRODUCIDAS POR INSECTOS

El Scolytus rugulosus *crea galerías en los troncos de olivos y otros árboles frutales*

Esta especie presenta dos generaciones: la de primavera, en la que los adultos aparecen en julio, y la de verano o principios de otoño, cuyos adultos son las formas hibernantes. El tratamiento común a todos los barrenillos, aparte de tener la precaución de quemar todas las ramas procedentes de la poda, consiste en la aplicación de compuestos oleofosforados, que debe realizarse en mayo, con la salida al exterior de la primera generación de adultos.

Escolítido de los árboles frutales *(Scolytus rugulosus)*

Se trata de otro pequeño coleóptero parecido al barrenillo, productor de galerías en el tronco de diversos árboles frutales. El adulto mide 2 mm, es cilíndrico, muy oscuro, finamente punteado y algo pulverulento. La larva es ápoda cilíndrica y ligeramente curvada. El invierno lo pasa en la fase de larva y el adulto aparece en primavera. La hembra deposita los huevos en ramitas de menos de 4 cm de diámetro. Presenta dos generaciones anuales y para combatirla sirven los mismos tratamientos que para los barrenillos.

Picudo del olivo *(Otiorrhynchus cribricollis)*

También llamado *escarabajo picudo*, *escarabajuelo* y *otiorrinco*, es un pequeño excavador de galerías, poco perjudicial y bastante raro que no precisa tratamientos especiales, pero al que hay que conocer para no confundirlo con otras especies de coleópteros que sí precisan de tratamiento. Además del olivo ataca otros árboles frutales y la vid.

El adulto de 10 mm es de color negro brillante y patas rojizas. El cuerpo es ovalado y la cabeza alargada en forma de pico, en cuyo extremo se hallan las mandíbulas masticadoras. El periodo de reposo lo pasa enterrado en el suelo en forma de larva o ninfa. Los adultos aparecen en primavera. Se alimentan de las hojas, a las que roen los bordes hasta que adoptan un aspecto dentado; también ataca las ramitas muy tiernas. Se alimentan sólo durante la noche y permanecen en el suelo durante el día. Al ser una plaga poco extendida, no se suelen aplicar tratamientos. En caso de mayor extensión se emplean compuestos fosforados, como Metidation o Azinfosfometilo, aplicados a finales de primavera o al principio del verano.

Castañeta (*Vesperus xatardi*)

Este coleóptero está muy extendido en almendros, naranjos, viñas e incluso en numerosas plantas herbáceas, siendo el olivo, gracias a su gran resistencia, uno de los árboles menos perjudicados.

Está extendido por muchas zonas españolas, principalmente si coinciden con cultivos del viñedo.

En la fase adulta existe una gran diferencia entre el macho y la hembra. El macho es pequeño, de 2 cm de longitud, con el cuerpo completamente cubierto por los élitros, con alas y anteras más largas que el cuerpo. La hembra está desprovista de alas, tiene un abdomen muy desarrollado que sobresale de los élitros; las anteras, comparadas con las del macho, son muy cortas. Presenta dos tipos de larvas de primera y segunda edad. Las de primera edad son alargadas y están recubiertas de largos pelos de color marrón; las de segunda edad son ovales. A principios de primavera se avivan los huevos y eclosionan las larvas de la primera edad, que tras un corto periodo de vida se dejan caer al suelo y se protegen del golpe con los pelos que las envuelven; en el suelo se efectúa una segunda muda, y son las larvas de segunda edad las que se entierran en el suelo, donde se alimentan de las raíces. Viven en el suelo durante dos años, metamorfoseándose en cuevas que preparan a 40 cm de profundidad y de donde surge el adulto a finales de otoño.

Para combatir esta plaga deben realizarse labores profundas de rada para situar las larvas sobre la superficie del terreno y allí aplicarles los tratamientos adecuados. La labranza debe efectuarse en invierno, cuando las larvas se encuentran con poca vivacidad; de lo contrario se enterrarían rápidamente y los tratamientos no serían eficaces. Los productos empleados son Clorpirifos o Fonofos en las dosis indicadas en los envases, ya que estos productos se comercializan con diversas concentraciones.

PLAGAS PRODUCIDAS POR INSECTOS

Homópteros

Cochinilla negra del olivo (*Saissetia oleae* o *Coccus oleae*)

También se la denomina *cochinilla del tizne* o *cochinilla grano de pimienta*. Suele vivir asociada con el hongo *Capnodium oleaginum* sobre la melaza segregada por el olivo. La hembra, antes de la puesta, tiene forma oval de unos 3 a 4 mm y es de color siena oscuro, con una quilla longitudinal y dos transversales en el dorso. Es inmóvil y permanece fija en la planta parasitada. El macho es completamente diferente, está desprovisto de alas y es más escaso. La hembra se reproduce por partenogénesis. Los huevos amontonados y protegidos por el cuerpo de la hembra son elipsoidales, de color rosado y de 0,3 mm. Las larvas son ovaladas y móviles. Esta cochinilla tiene dos generaciones anuales: la primera, de mayo a julio, y la segunda, de agosto a noviembre, si bien muchas veces no se produce esta última. Las primeras hembras adultas suelen aparecer a principios de abril y cada una pone hasta 1.000 huevos, en cantidades diarias decrecientes a partir de 200. Finalmente muere dejando como despojo un caparazón desecado que cubre y protege los huevos. La incubación es variable: tres semanas en primavera y una en verano. Al avivarse las larvas, se trasladan a hojas o ramitas jóvenes, donde se fijan para realizar la primera muda. Inmediatamente después se trasladan, se fijan y hacen la segunda muda. Después de otro traslado se fijan de nuevo para la tercera muda y permanecen en esas ramas hasta transformarse en hembras adultas. El periodo larvario completo suele durar de 30 a 50 días.

La cochinilla negra ataca otras especies además del olivo (cítricos, adelfas...). Tiene numerosos depredadores que destruyen sus larvas. El gran desarrollo de la plaga de cochinillas en los últimos tiempos se cree debido al empleo excesivo de insecticidas, que además de los insectos matan a los depredadores. Los tratamientos químicos consisten en el empleo de compuestos fosforados como Metilazinfos, Sumithion, Metomilo o una mezcla de Carbaril y Dimetoato en el momento de aparecer la segunda generación. También son eficaces los aceites autoemulsionables a finales del invierno y el caldo bordelés, contra el hongo asociado.

Sepeta (*Lepidosaphacea ulmi*)

Es una cochinilla polífaga que se extiende en numerosos frutales. Posee un escudete en forma de mejillón, ancho en un extremo y estrecho en el otro, de color pardo oscuro y de 3 a 4 mm de longitud. Por debajo tiene un velo que protege los huevos. Tiene una generación anual. En invierno el huevo está protegido por la madre; se aviva en primavera, la larva se mueve y es arrastrada por el viento, propagando así la infección. Las hembras adultas sólo se ven en verano cuando hacen la puesta. Los huevos permanecen sin evolucionar hasta la primavera siguiente. Se combate con los mismos tratamientos de verano empleados en la *Saissetia*.

Aspidioto *(Aspidiotus hederae)*

Se trata de una cochinilla polífaga, muy abundante en la cuenca del Mediterráneo, que ataca numerosas plantas, como el naranjo y, excepcionalmente, el olivo. El escudo es circular, de unos 2 mm de diámetro y de color blanco grisáceo. Debajo del escudo se encuentra el cuerpo de la hembra, de color amarillo, recubierto por un velo blanco. El número de generaciones suele ser de tres, que se entrecruzan entre sí. Se aplican los tratamientos ya indicados para *Saissetia*.

La cochinilla gris ataca todas las variedades de olivo, pero es especialmente perjudicial para las aceitunas de verdeo, pues el aspecto que adquieren las hace impresentables

Cochinilla gris de los frutales *(Parlatoria oleae)*

Esta cochinilla del grupo de los diaspínidos vive sobre diversos frutales (manzano, peral, albaricoque, etc.), pero se está extendiendo cada vez más al olivo. El escudo de la hembra adulta es convexo, de color gris y de 2 mm de diámetro; el resto es de color rojo con el extremo amarillo. Se encuentra sobre ramas, hojas y frutos de todas las variedades del olivo, siendo especialmente perjudicial en las variedades de mesa. Sobre la aceituna provoca una mancha negruzca de 3 a 4 mm de diámetro que penetra en la pulpa hasta una profundidad de 3 mm. Cada aceituna puede hospedar a varios ejemplares, quedando tan alterada que resulta impresentable. Para el tratamiento se emplean los mismos compuestos que en el caso de las demás cochinillas.

Psila del olivo *(Euphyllura olivina)*

Se trata de una cochinilla perteneciente al grupo de los psílidos, conocida en todas las regiones olivareras españolas, donde se la conoce con los nombres de *algodón*, *sila*, *tramilla* y *cotó* o *cotonet*. Los ataques no son demasiado intensos y suelen ser de corta duración. Sólo en condiciones muy favorables puede producir graves daños, al destruir los botones florales. El adulto es de 2 o 3 mm de longitud, verdoso, con dos pares de alas de la misma coloración pero más pálidas. La larva al nacer tiene una longitud de 0,4 mm y alcanza 1 mm. Se transforma en ninfa, ya con rudimentos de alas. Todos los ejemplares están cubiertos por una sustancia cérea algodonosa, que es la que le da el nombre de *algodón*.

La puesta la efectúan en la cara inferior de la hoja y casi exclusivamente en su parte media o en los brotes terminales; los huevos son diminutos y pedunculados y están adheridos a la planta huésped por el rabillo; tardan entre 10 y 15 días en avivarse. Las larvas, al nacer, chupan las hojas en que han nacido y luego se trasladan a las yemas situadas en la axila de las hojas. Se suceden varias generaciones en el transcurso del año, pero sólo la primera generación, que es la destructora de las yemas florales, es la peligrosa. En algunos casos puede alterar el aspecto de las aceitunas de mesa.

Los tratamientos que se hagan para otros insectos, siempre que se verifiquen antes de la brotación, son suficientes, siendo los más indicados los basados en compuestos organofosforados.

Barrillos *(Hysteropterum grylloides)*

Está bastante extendido en la región central. En la provincia de Jaén recibe el nombre de *botador*. Pertenece al grupo de los pulgónidos y no causa daños perceptibles, si bien se le ha achacado algunas lesiones en flores y brotes jóvenes. El adulto es de color avellana, con las alas anteriores del mismo color; la cabeza es tres veces más ancha que larga y su longitud es de 5 a 7 mm. La larva, de color pajizo, mide 1 mm y el huevo es de color amarillo pálido. Este insecto sólo habita el olivo para reproducirse. La hembra deposita entre 10 y 12 huevos en dos filas que quedan cubiertos de barro aglutinado formando unas costras de 5 mm de largo por 2 mm de ancho que cubren las ramas atacadas. En la primavera siguiente, si la humedad es insuficiente, las costras no se ablandan y las larvas no eclosionan; si la humedad es suficiente, las larvas perforan las costras de barro, abandonan el olivo y pasan a vivir en diversas plantas silvestres, volviendo al olivo sólo para reproducirse. Este insecto no causa ningún inconveniente al olivo y no precisa tratamiento.

CALENDARIO DE TRATAMIENTOS

Periodo de reposo

Comprende desde la caída de la aceituna hasta la formación incipiente de las yemas (entre finales de otoño y principios de primavera).

Los tratamientos suelen hacerse con compuestos cúpricos (caldo bordelés, oxicloruro de cobre, etc.) o fungicidas orgánicos (Captafol, Benomilo, Folpest, Zimeb). Siempre deben ser preventivos y aplicarse a finales del periodo, antes de que broten las yemas y se presente la infección. Gracias a ellos pueden combatirse el repilo *(Cycloconium oleaginum)* y la caries de la madera (diversos basidiomicetos). Algunas veces debe recurrirse a insecticidas de contacto (Carbaril, Dimetoato, Diazinon), cuya aplicación debe coincidir con el tratamiento del repilo, para combatir el arañuelo *(Liotrips oleae)* y la psila *(Euphylera olivina)*.

Periodo de floración

Comprende desde la aparición del cáliz de la flor hasta que el fruto ha cuajado, iniciando su crecimiento y aumentando de tamaño (desde inicios de primavera hasta mediados de junio).

Los tratamientos más adecuados son los que se realizan con fungicidas cúpricos u orgánicos cuando la flor empieza a ser visible. Si se ha realizado previamente otro contra el repilo, deberá esperarse un mes para asegurar la desaparición de este hongo y del escudete de la aceituna *(Spheropsis dalmatica)*; la cercosporiosis *(Cercospora cladoporioides)* y el oídio de los viveros *(Laevillea taurica)*.

Los tratamientos plagicidas se emplean para destruir: la polilla *(Prays olleallus)*, sobre todo en su fase antófaga, en la que destruye las yemas del olivo (para ello pueden emplearse Clorfenvinfos y Troclorfon); la zeuzera *(Zeuzera pirina)*; el piral *(Euzeuzera pinguis)*.

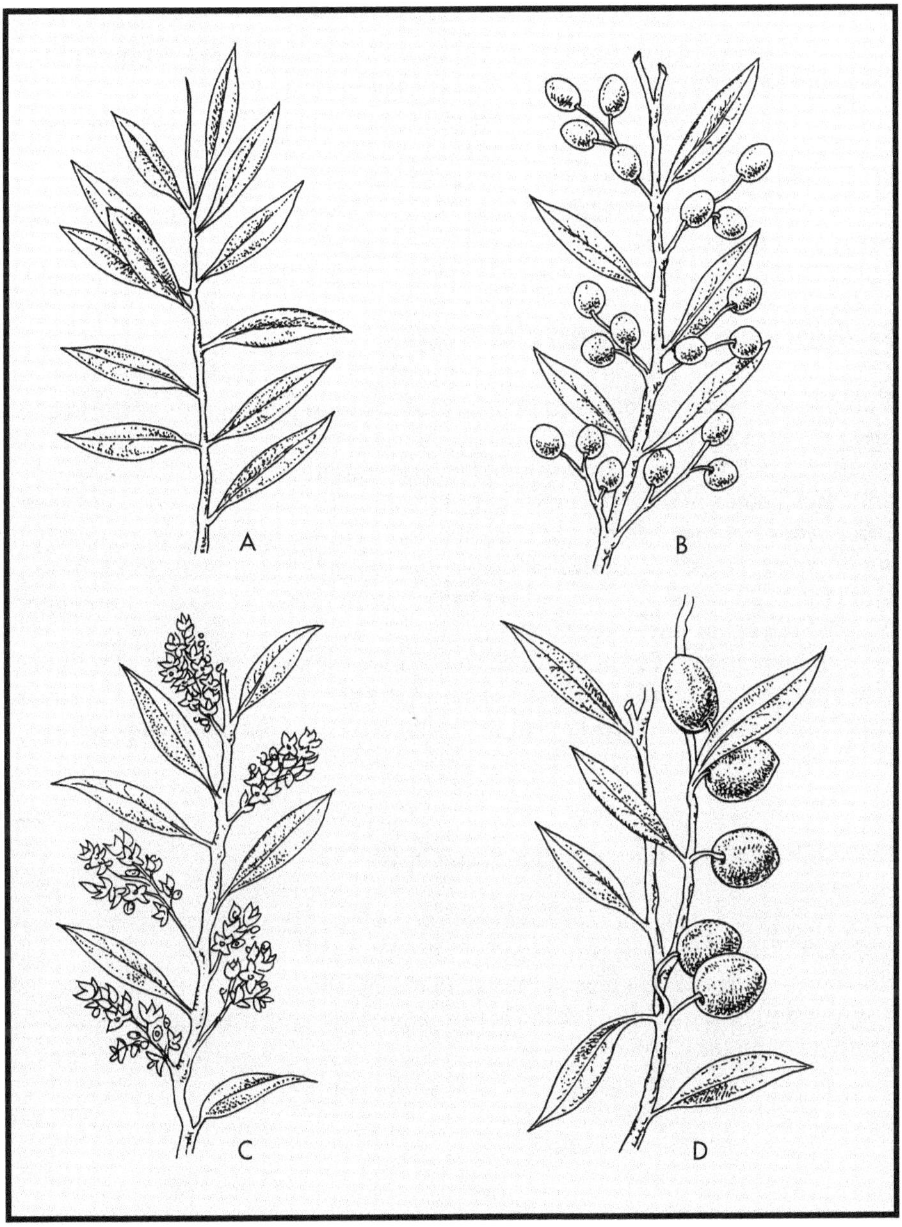

CALENDARIO DE TRATAMIENTOS

Estadios vegetativos: a) *reposo;* b) *floración;* c) *formación del fruto;* d) *madurez del fruto*

GUÍA COMPLETA DEL CULTIVO DEL OLIVO

En cambio, se tratan con Metilazinfos o Mavinfos: los barrenillos (*Pheleotribus scarabeoides*, *Hylesinus olioperda* y *Laperisinus fraxini*); los escolítidos (*Scolytus rugulosus*); los picudos (*Otiorrhynchus cribicollis*).

Por otra parte, conviene hacer un tratamiento a base de compuestos fosforados (Metilazinfos, Fenitrotion o una mezcla de Carbaril y Dimetoato) antes de que los siguientes insectos se conviertan en adultos: aspidoto (*Aspidotus hederae*), cochinilla gris (*Parlatoria oleae*), cochinilla negra (*Saissetia oleae*) y serpeta (*Lepidosaphae ulmi*).

Periodo de desarrollo del fruto

Comprende desde la aparición de los frutos ya bien delimitados hasta su completa maduración con la formación de manchas oscuras sobre la aceituna a la que darán color (de junio a septiembre). Los tratamientos en este periodo, que podemos llamar *de verano*, van dirigidos a combatir la cecidonia del olivo (*Prolagiosptera berlesiana*), la mosca (*Daucus oleae*) y el mosquito de la corteza (*Clinopsis oleisuga*). Los compuestos empleados para el tratamiento son a base de Dimetoato y Diazonfos. Con estos mismos compuestos se hace el tratamiento de la polilla en su fase carpófaga.

También en esta época se deben realizar los tratamientos contra los hongos que invaden la aceituna a consecuencia de las heridas causadas por la mosca. Estos hongos son los productores de la antracnosis (*Gloeosporium olivarum*) y del escudete de la aceituna (*Sphaeropsis dalmatica*).

Periodo de madurez de la aceituna

En esta época, que comprende todo el otoño, pueden repetirse los tratamientos contra la mosca, pero procurando respetar el periodo de seguridad establecido entre estos y la cosecha. También en otoño, sobre todo si la estación es cálida, pueden repetirse después de la recolección de la aceituna los tratamientos contra cochinillas y hongos.

DEL OLIVO A LA ALMAZARA

Maduración de la aceituna

Las aceitunas están compuestas por un endocarpio leñoso que contiene la semilla y que constituye el hueso, equivalente al 15-30 % del peso de la aceituna; el resto corresponde a la pulpa, de la cual entre el 70 y el 75 % es agua, y el resto, aceite.

Las aceitunas están listas para la obtención del aceite cuando toda la superficie adquiere su característico tono oscuro

La cantidad de aceite con respecto a la totalidad del fruto oscila entre un 20 y un 30 % según la variedad y las condiciones ambientales y de cultivo. Los hidratos de carbono son escasos, entre un 4 y un 5 % del total. El sabor amargo de las aceitunas es debido a la presencia de un glucósido, la olenzopeína, que obliga a emplear una técnica especial para eliminarlo, tanto en la preparación de las aceitunas de mesa como en las destinadas a la almazara.

El aceite empieza a estar presente en células parenquimáticas de la pulpa tan pronto las aceitunas están bastante desarrolladas y el hueso lignificado, lo cual sucede entre la última quincena de julio y la primera de agosto. El aumento de la cantidad de aceite se produce lentamente hasta que las aceitunas están maduras por completo. Las aceitunas verdes tienen este color mientras no se inicie el proceso de maduración, en el que adquieren un tono claro y en el ápice de la drupa aparecen unas manchas rosáceas que luego se extienden por toda la superficie hasta que adquieren un color rojo vinoso mientras se van ablandando a la vez que aumentan de peso. Después pierden peso progresivamente por deshidratación hasta que se secan por completo, se desprende el pedúnculo y cae al suelo.

El mejor momento para coger la aceituna destinada a la obtención de aceite es al terminar el aumento de peso, cuando las aceitunas han adquirido un color rojizo en toda su superficie, lo cual a veces no es completamente posible al tener que hacerse la recolección de manera escalonada en función de la disponibilidad de la almazara. Las aceitunas para conserva se recogen en distintas fases según el tipo de conserva a que se destinan. Las que deben mantener su color verde se recogen en el momento justo en que disminuye su color verde y antes de que inicien su oscurecimiento. Las aceitunas que deben presentar un color negro uniforme deberán cosecharse cuando tengan un color rojizo homogéneo y lo más oscuro posible. Las que se quieren conservar secas deben recogerse tras haberse desprendido del pedúnculo.

Recolección manual

Los sistemas tradicionales de cosecha de la aceituna son manuales, sin intervención de máquina o instrumento alguno, y se requiere un gran número de mano de obra. En la actualidad se ha tratado de sustituir estos sistemas manuales por otros mecánicos de mayor rendimiento.

Los sistemas clásicos son de lo más diverso: se puede esperar a que caigan las aceitunas al suelo para recogerlas o recurrir al vareo, que consiste en golpear las ramitas portadoras de aceitunas con palos hasta conseguir que se desprendan; también se emplea el sistema de ordeno, que consiste en arrancar las aceitunas mediante su arrastre a lo largo de las ramitas.

El primer procedimiento presenta diversos inconvenientes, como el retraso de la cosecha al esperar la caída de los frutos, cosa que además incide negativamente en la calidad del aceite, tanto peor cuanto más tiempo permanezcan las aceitunas en el suelo. Este problema puede subsanarse recogiendo las aceitunas periódicamente —una vez por semana, por ejemplo—, si bien representa un gasto excesivo en mano de obra. Además, la larga permanencia de los frutos en el árbol incide en la floración de la primavera siguiente, con la correspondiente disminución de la producción.

El sistema de vareo, además de causar lesiones en las aceitunas, también ocasiona el desprendimiento de numerosas ramitas, que en un futuro podrían

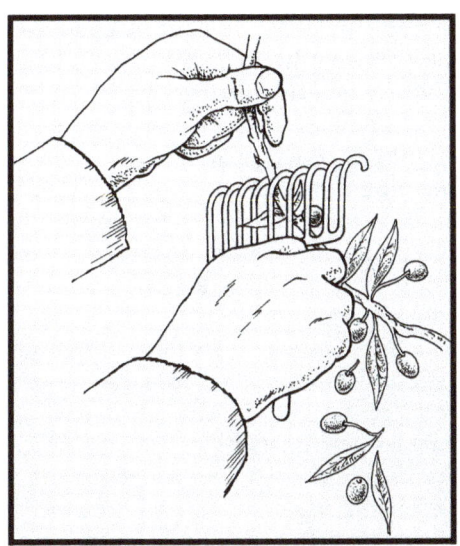

Detalle del uso de un peine de plástico especial para coger aceitunas

dar fruto. Las aceitunas se recogen sobre redes de arpillera o de plástico colocadas bajo la copa en el momento de la recogida.

El sistema de recolección por ordeño, en el que se arrancan las aceitunas por arrastre dejándolas caer al suelo, para recogerlas después con redes, es más racional pero mucho más caro. Las lesiones causadas en las aceitunas son mínimas, y el desprendimiento de brotes fructíferos, prácticamente nulo. La recolección se facilita si se ha hecho una poda correcta, dejando los árboles lo más bajos posible y con las ramas portadoras de frutos colgando. Respecto a las ramas más altas del árbol, donde no es posible llegar para el ordeño, no queda otra solución que varearlas para desprender las aceitunas, con todos los inconvenientes que ello implica. Para facilitar la operación, existen una serie de instrumentos manuales que ayudan a arrancar las aceitunas, como unos peines de plástico que se pasan por las ramitas para que se desprendan las aceitunas o unos pares de rodillos que giran sobre sus ejes y que están unidos entre sí como los brazos de unas tijeras. Los daños causados por estos aparatos son inferiores a los de la recogida a mano, sobre todo si la humedad ambiental es alta, y la temperatura, baja.

Recolección mecánica

La recolección mecánica de la aceituna se ha orientado en dos sentidos: la sacudida, procurando el desprendimiento más eficaz de frutos sin causar apenas daño al árbol, y la recogida más rápida y limpia de las aceitunas situadas en el suelo. Los aparatos empleados para conseguir el desprendimiento de las aceitunas se pueden clasificar en tres grupos diferentes: ciclones, vibradores y arrancadores mecánicos.

Con los ciclones se somete a las ramitas fértiles a un chorro de aire que debe ser tan fuerte como para conseguir el desprendimiento de las aceitunas, si bien debe hacerse con cuidado para no expulsarlas demasiado lejos.

Los vibradores se basan en el sistema tradicional del vareo, ya que intentan transmitir una fuerte sacudida al árbol. El vibrador más corriente consiste en una larga pértiga hueca que lleva en su interior un cable de torsión que, accionado por un pequeño motor, hace girar una pequeña varita situada en el extremo de la pértiga, que aplicada a las ramas del olivo provoca el desprendimiento de las aceitunas. Un conjunto de vibradores de este tipo, acoplados entre sí a distintas alturas y unidos a la toma de fuerza de un tractor, constituye un buen aparato para conseguir un desprendimiento masivo de las aceitunas. El empleo de vibradores presenta el mismo inconveniente que el vareo, aunque las lesiones de las ramas son menos importantes.

Los arrancadores mecánicos se aplican directamente a las ramas provistas de aceitunas. El mecanismo de arranque consiste en unos discos que giran y desprenden las aceitunas que encuentra a su paso; otras veces consiste en un peine movido mecánicamente que arranca las aceitunas. El arrancador de cabezal está situado en el extremo de una pértiga hueca y se mueve mediante un cable a torsión que pasa por su centro y está aplicado a un motor. Otras veces, por el tubo hueco se insufla una fuerte corriente de aire para desprender las aceitunas. Estos sistemas no causan demasiados daños al olivo.

Las aceitunas pueden depositarse en una red, o bien dejarlas caer al suelo para recogerlas luego, siempre que esté libre de malas hierbas, con unos recogedores mecánicos que pueden ser de dos tipos: de arrastre, que amontonan las aceitunas a un lado del árbol, y ciclones, que recogen las aceitunas por aspiración. Existen, además, otros modelos mucho más sencillos, especialmente útiles para las plantaciones reducidas. Consisten en un cilindro con púas que cogen las aceitunas y unas rasquetas que las hacen caer en el depósito. Sin embargo, este sistema puede tener ciertos inconvenientes, ya que si no se prensan las aceitunas pronto, la calidad del aceite puede empeorar.

Recolección de las aceitunas de mesa

Las aceitunas de mesa no pueden conservarse bien si no se han cogido intactas. Prácticamente sólo pueden cosecharse por el sistema de ordeño.

La recolección manual es mucho más fácil gracias al mayor tamaño que suelen tener las aceitunas de mesa. Los cosechadores llevan un capazo colgado de la cintura, donde depositan las aceitunas a medida que las van recogiendo. Antes de preparar las conservas deberá llevarse a cabo una selección para eliminar las aceitunas en mal estado. La recolección mecánica no es posible, ya que al cosechar las aceitunas todavía verdes, es difícil que se desprendan por la acción de los aparatos mecánicos, además de que al caer al suelo o sobre una

DEL OLIVO A LA ALMAZARA

Un modelo de recogedor mecánico

# GUÍA COMPLETA DEL CULTIVO DEL OLIVO

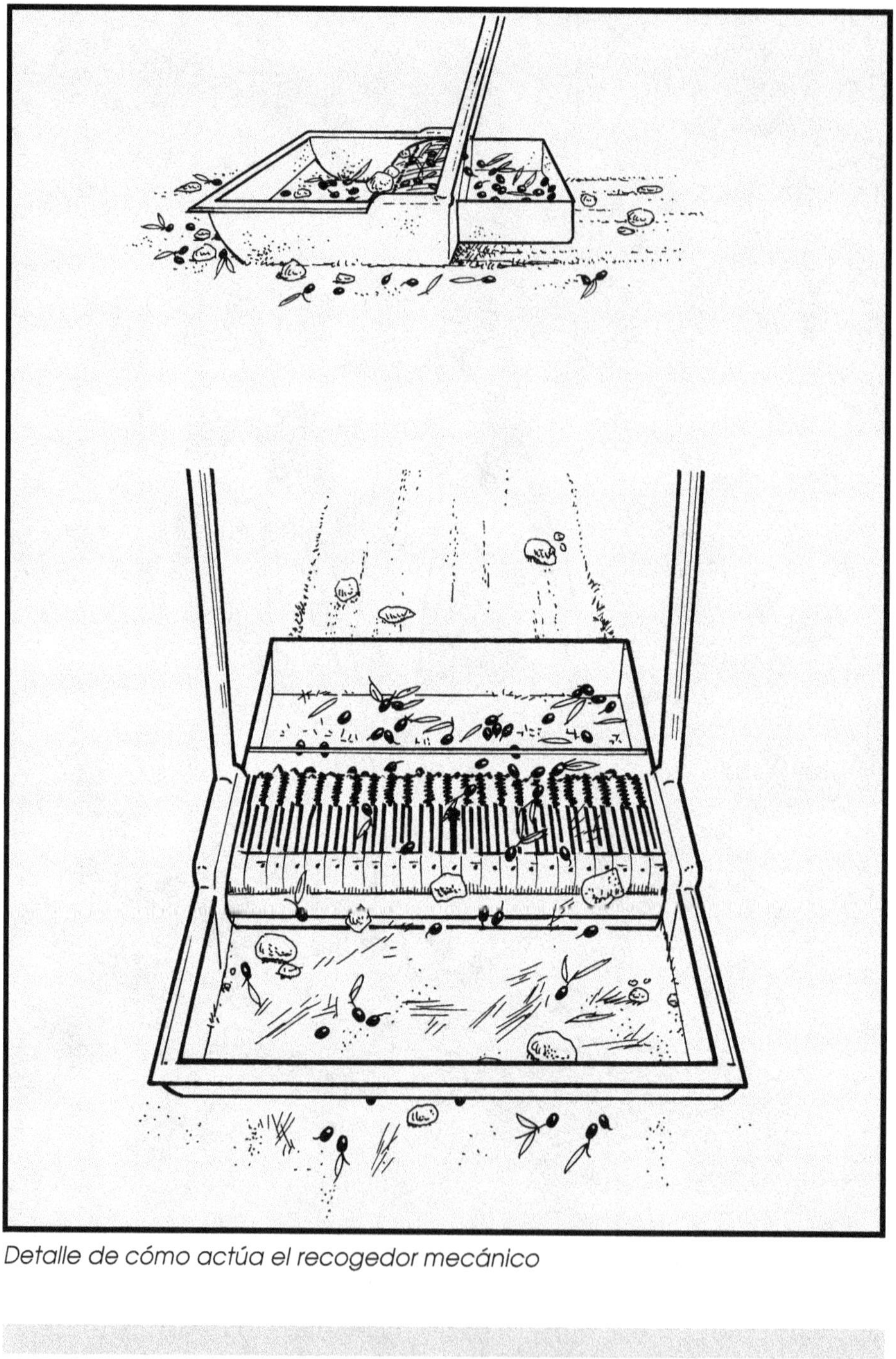

Detalle de cómo actúa el recogedor mecánico

DEL OLIVO A LA ALMAZARA

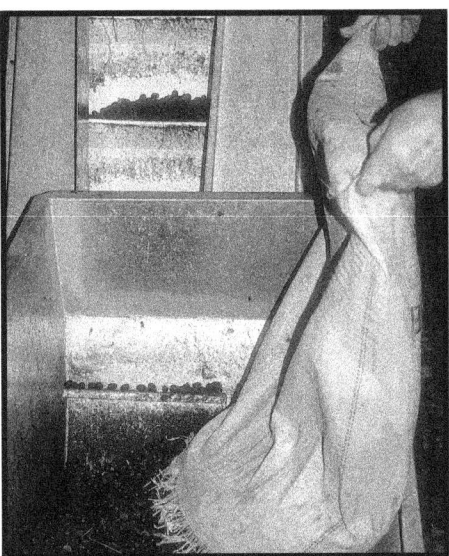

Los contenedores más adecuados para el transporte de la aceituna son los de plástico

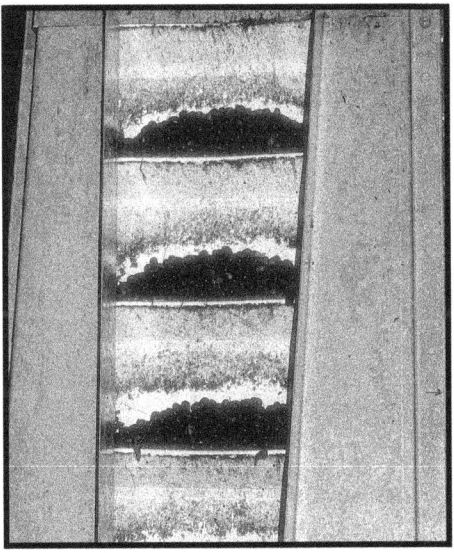

La aceituna es conducida a la tolva para su prensado

red se producen diversos daños o alteraciones.

Transporte de la cosecha

Durante la recolección y el transporte debe asegurarse en lo posible la integridad de las aceitunas, tanto las destinadas a la mesa como a la obtención de aceite. Deben evitarse amontonamientos compactos que provocarían la fermentación de las aceitunas, por lo que deben evitarse los sacos de arpillera. Los más indicados para el transporte son los de plástico, ya que están provistos de poros por los que puede circular el aire. Los empleados en el transporte de aceitunas para aceite deben tener una capacidad de 40 a 50 kg; los de aceitunas de mesa sólo deben tener una capacidad de 25 a 30 kg y una altura de 15 a 20 cm.

En la almazara

Los primeros pasos del tratamiento de las aceitunas antes de la extracción son la eliminación de las hojas y el lavado. Estas operaciones tienen por finalidad limpiar los frutos de impurezas de origen vegetal, como hojas y ramillas, de origen mineral, como polvo, tierra, piedras y otros cuerpos sólidos, y de origen químico, como los posibles restos de pesticidas. El lavado puede resultar inadecuado en el caso de aceitunas recogidas en avanzado estado de maduración, porque la acción mecánica podría arrancar trozos de pulpa, con la consiguiente pérdida de aceite. Una vez lavadas y escurridas, las aceitunas se trituran y a continuación se prensan.

En la almazara tradicional, la trituración o molienda da paso al prensado, y este, a la decantación. No obstante, cada vez es más frecuente encontrar almazaras que emplean el sistema de centrifugación. Las moturadoras automáticas han ido sustituyendo las muelas y las prensas tradicionales, y los grandes depósitos de aluminio, más higiénicos, han ido sustituyendo los pozos.

Las trituradoras metálicas han ido sustituyendo a las tolvas tradicionales

La molienda

El aceite contenido en las aceitunas se aloja en las células del mesocarpio. Condición indispensable para extraer el aceite por procedimientos mecánicos es «liberarlo» de los tejidos, de modo que las partículas de aceite se reúnan en gotas más grandes hasta formar las llamadas *bolsas*.

Esta labor, que tiene por objeto romper los tejidos vegetales y provocar la salida del aceite, se realiza mediante el molino de rulos, un sistema de *muelas* cónicas de piedra.

En la almazara tradicional, los molineros vertían la aceituna en la *tolva*, donde las muelas, movidas por bestias, trituraban el fruto. En la actualidad se utilizan trituradores metálicos o molinos de martillos.

El paso siguiente es el batido de la pasta de aceituna en unas cubetas de acero, las batidoras, provistas de aspas de rotación lenta.

Esta operación facilita la reunión de las minúsculas gotas de aceite en gotas de diámetro superior a 30 micras, dimensión mínima que posibilita la separación del aceite.

DEL OLIVO A LA ALMAZARA

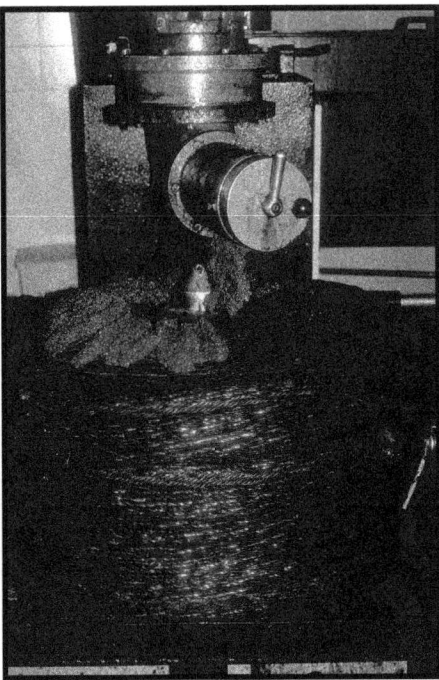

Sobre un capacho se extiende una capa de pasta de aceituna y sobre ella se coloca otro capacho

La extracción

La extracción por presión es el sistema más antiguo para la obtención del aceite de oliva. La pasta de aceituna se coloca en capas finas sobre unas esteras circulares denominadas *capachos*. Los capachos se disponen unos sobre otros en una *vagoneta* guiados por una aguja central.

Hoy en día se emplean también prensas hidráulicas. En el flujo de aceite que se produce durante el prensado influye positivamente la presencia en la pasta de un grado de humedad y de un alto porcentaje de materias sólidas incompresibles (hueso), condiciones que facilitan el drenaje. El zumo obtenido pasa a unos pozuelos donde el aceite, por decantación, se separa del alpechín.

El prensado permite obtener aceites excelentes gracias a las bajas temperaturas del proceso. Sin embargo, es muy costoso en cuanto a mano de obra y materiales filtrantes. Por esta razón se acude cada vez más al efecto de la fuerza centrífuga, mediante máquinas que giran a gran velocidad.

En la actualidad los pozos de decantación son cubetas de aluminio, mucho más higiénicas

El proceso de obtención del aceite finaliza con la decantación o la centrifugación, dependiendo de los sistemas empleados

Entre las ventajas que supone el empleo del sistema de centrifugado se encuentran la posibilidad de automatización del proceso y, por lo tanto, el ahorro de mano de obra, el limitado volúmen de la maquinaria, la garantía de higiene en el proceso y la obtención de un aceite de baja acidez. Sin embargo, también tiene sus inconvenientes: el coste de inversión es muy elevado y, lo que es más importante, los expertos aún dudan sobre la estabilidad de los aceites así obtenidos y de sus características organolépticas.

ALGUNAS RECETAS CULINARIAS

CONEJO CON ACEITUNAS

Para 4 personas

1 conejo
1 cebolla
1 zanahoria
2 tallos de apio
300 g de tomates
150 g de aceitunas verdes
50 ml de brandy
perejil
aceite de oliva
sal y pimienta

Se trocea el conejo, se sazona y se pone en una cazuela honda con aceite. Se rehoga y, cuando esté dorado, se incorpora una picada de zanahoria, cebolla, apio y perejil; se va removiendo y se deja hasta que las hortalizas estén listas. En ese momento, se añade el brandy.

A continuación, se pelan y se rallan los tomates, y se pican las aceitunas.

Se mezcla todo y se incorpora a la cazuela.

Por último, se tapa y se deja cocer durante unos 90 minutos.

ESQUEIXADA CATALANA

Para 4 personas

400 g de bacalao seco
4 tomates verdes (de ensalada)
4 cebollas tiernas
100 g de aceitunas verdes
100 g de aceitunas negras
aceite de oliva
vinagre
sal

En primer lugar, se corta el bacalao en tiras, después se separa la piel y las espinas y se deja en remojo para desalarlo, cambiando el agua dos o tres veces.

A continuación, se pelan los tomates; por otra parte, se trocean y se cortan las cebollas en aros.

Realizadas estas operaciones, se llevan todos los ingredientes a una ensaladera, se aliñan con el aceite y el vinagre, se salan y se mezclan bien.

Este plato se sirve frío.

MAYONESA CON LA BATIDORA

Para 4 personas

150 g de aceite de oliva
1 huevo
1 limón
sal y pimienta

Se vierte en el recipiente el huevo, sal y pimienta, 1 o 2 cucharadas de aceite y el zumo de limón. Se bate durante un momento a la máxima velocidad, y cuando los ingredientes se hayan mezclado bien, se incorpora poco a poco el aceite restante en el centro de la mezcla (sin detener la batidora).

ALGUNAS RECETAS CULINARIAS

MAYONESA A MANO

Para 4 personas

150 g de aceite de oliva
1 yema de huevo
limón o vinagre
sal y pimienta

Se vierte en un recipiente la yema de huevo, una pizca de sal y una de pimienta y se remueve bien, añadiendo gota a gota un poco de aceite. Cuando la mezcla comience a tomar consistencia, se añaden algunas gotas de zumo de limón o de vinagre. Se va añadiendo aceite gota a gota y zumo de limón o vinagre al gusto. El aceite ofrece densidad a la salsa, mientras que el limón y el vinagre la diluyen. Para que la mayonesa se conserve en perfecto estado, después de prepararla se añade una cucharada de agua hirviendo y se remueve bien hasta que la salsa adquiere homogeneidad.

SALSA DE ACEITUNAS

Para 4 personas

1/2 vasito de yogur
1 cucharada de mayonesa
1 cucharada de nata líquida
1 huevo duro
1 cucharadita de cebollino
12 aceitunas verdes
1 cucharadita de páprika
sal y pimienta

Se tritura el huevo duro, el cebollino y las aceitunas deshuesadas. Se mezclan todos los ingredientes, añadiendo un chorrito de aceite de oliva. Se deja reposar la salsa 1 hora antes de servirla. Es apropiada para acompañar las gambas.

SALSA PICANTE COMPUESTA

Para 4 personas

2 anchoas
2 dientes de ajo
1 cucharadita de piñones
1 cucharadita de alcaparras
2 yemas de huevo duro
8 aceitunas
1 vaso de aceite
1 vaso de vinagre
miga de pan
perejil
sal

Se mezclan las anchoas desaladas y limpias de espinas con un puñado de perejil, los ajos, los piñones, las alcaparras, las yemas, un poco de miga de pan bañada en medio vaso de vinagre, las aceitunas deshuesadas y la sal al gusto. Se remueve bien, se añade 1 vaso de aceite de oliva y medio de vinagre, y se pasa por el tamiz. Se continúa removiendo para que quede todo bien mezclado.

SALSA DE PIMIENTOS

Para 4 personas

2 vasos de aceite
2 pimientos verdes
50 g de parmesano rallado

Se pelan los pimientos y se trituran muy finos.
    Se ponen en un tazón, se añade aceite y el parmesano, y se remueve bien de modo que los ingredientes se mezclen por completo.

www.ingramcontent.com/pod-product-compliance
Lightning Source LLC
Chambersburg PA
CBHW080545090426
42734CB00016B/3203